JOURNAL

DE L'EXPÉDITION ET DE LA RETRAITE

DE CONSTANTINE

EN 1836,

PAR UN OFFICIER DE L'ARMÉE D'AFRIQUE.

Combattre et souffrir.

PARIS,

J. CORRÉARD Jᵉ, ÉDITEUR D'OUVRAGES MILITAIRES,
RUE DE TOURNON, Nᵒ 20.

ANSELIN, RUE DAUPHINE, Nᵒ 36.

A. LENEVEU, RUE DES GRANDS-AUGUSTINS, Nᵒ 18.

A LEIPZIG, CHEZ MICHELSEN.

1837.

Lh⁵ 238

JOURNAL

DE L'EXPÉDITION ET DE LA RETRAITE

DE CONSTANTINE.

CORBEIL, IMPRIMERIE DE CRÉTÉ.

JOURNAL

DE L'EXPÉDITION ET DE LA RETRAITE

DE CONSTANTINE

EN 1836,

PAR

UN OFFICIER DE L'ARMÉE D'AFRIQUE.

Combattre et souffrir.

PARIS,

J. CORRÉARD Jᵉ, ÉDITEUR D'OUVRAGES MILITAIRES,

RUE DE TOURNON, 20.

1837

JOURNAL

DE L'EXPÉDITION ET DE LA RETRAITE

DE CONSTANTINE

EN 1836,

PAR UN OFFICIER DE L'ARMÉE D'AFRIQUE.

Combattre et souffrir.

PRÉPARATIFS ET DÉPART.

VOLONTAIRE à l'expédition de Constantine, j'en rapporterai les faits avec une exactitude scrupuleuse, à laquelle je prie le lecteur d'avoir foi. Si quelques éloges se produisent dans ce récit, ils seront bien désintéressés ; si le blâme s'y montre, c'est que la vérité le commandera. J'ai mis mes soins à bien voir, et je dirai fidèlement comme j'ai vu.

Un trop grand vide a été laissé jusqu'ici entre des atténuations officieuses, des déguisemens timides et des exagérations mensongères, de haineuses calomnies. C'est précisément, comme toujours, dans cette lacune, dans ce silence des partisans et des antagonistes, que se trouve l'appréciation équitable de ce fait de guerre rapide et désastreux. Est-il donc si difficile de dire vrai, d'être juste ? Essayons.

Je voudrais pouvoir discuter ici les motifs qui décidèrent l'expédition de Constantine, et les circonstances occasionelles qui fixèrent l'époque de cette entreprise à une saison fort avancée de l'année. Mais je manque de documens assez complets pour me poser juge, et je ne ferai que rappeler brièvement le peu que je sais à ce sujet. C'est-à-dire ce que tout le monde sait à peu près.

Outre les adversaires qui, du fond de leur douce existence à Paris, luttent commodément contre le succès de nos établissemens en Afrique, deux opposans redoutables se présentent en armes vis-à-vis de nos armes. Ce sont Hadji Achmet, bey de Constantine, et l'émir Abd-el-Kader, homme de religion et de négoce, prince sultan, prophète nouveau, et tout ce qui lui plaît de s'intituler. Tous deux sont les centres, pour l'est et pour l'ouest, de deux puissantes résistances qui se rejoignent presque en face d'Alger. La principale force de l'émir est dans la province d'Oran, où il s'appuie sur l'affection et les secours du Maroc; son influence et ses efforts traversent le Chélif, s'étendent à Miliana, descendent l'Atlas, et viennent cesser où s'arrêtent les escarmouches de ses tirailleurs avancés, les Hadjoutes, au cœur de la plaine de Métidja.

Étranger au genre d'autorité religieuse dont s'est revêtu l'émir, le bey domine, par la crainte, sur la riche et fertile province de Constantine ; il quitta cette ville, lors de l'expédition d'Alger, pour venir prêter au dey le secours de ses armes. — Vaincus tous deux, Achmet se retira dans son beylik, emmenant tout ce qu'il put de trésors, d'armes, de chevaux, de troupeaux, tout ce qui n'était pas trop lourd à porter, ou trop lent à suivre sa marche : quelques heures de plus, et il aurait totalement pillé Alger, qu'il était venu défendre, et qui dut aux vainqueurs d'être épargné.

Il nous a combattus à Bône ; il nous fait face à Bougie par la main des Kobaïles, et son pouvoir ne vient s'éteindre qu'au territoire des Isser, qui confine à la lisière orientale de la Métidja.

Le rapide accroissement de la grandeur naissante d'Abd-el-Kader-ben-Maïddin a été dû à un traité insensé qui l'éleva sur le pavois aux yeux des populations arabes, lui fournit des armes, des munitions, et lui livra par deux mots, bénévolement et sans aucune compensation, le monopole de tout le commerce de la province. L'adroit apôtre de la fidèle croyance avait appris, en Égypte, où il a voyagé jeune, ce que la vaste et sévère application du système de monopole peut faire suer à un pays : il profita de la clause obtenue, fort habilement et à son grand avantage. Ainsi, par le fait d'un général négociateur, la richesse allait venir en appui aux appels religieux qu'Abd-el-Kader préparait déjà contre nous.

La crinière et les dents du lion que nous prenions soin de faire grandir ne tardèrent pas beaucoup à paraître. L'émir, après avoir eu l'insolence impunie, dans ses relations avec le comte d'Erlon, de concéder, en gardant pour lui le titre de roi de la terre, celui de roi de la mer au gouverneur général pour la France, en vint à ce degré d'audace de déclarer qu'il ne voulait plus qu'un oiseau pût entrer dans Oran sans sa permission. Cependant quelques yeux refusaient encore de s'éclairer. Le général qui commandait alors Oran fit un acte de vertu antique, qui n'a pas été assez loué. Intelligente et généreuse victime, car il l'a été, il se dévoua corps, réputation et responsabilité, pour arrêter le mal avant qu'il devînt irrémédiable. Il combattit l'émir avec énergie, avec désavantage, il est vrai ; mais, par la défaite même, l'étendue de la plaie fut reconnue : il était temps.

Les périls de notre imprudente conduite se révélèrent ;

la source de richesses que nous avions si maladroitement ouverte en faveur de l'émir, à notre détriment, se ferma ; l'appui que nous prêtions contre nous et sur lequel Abd-el-Kader s'était élevé, faillit sous lui. Ces avantages n'étaient pas achetés trop cher au prix des pertes de la Machta.

La France ne sait pas dormir sur un non succès : l'expédition de Mascara fut prête, et les plaines du Syg de l'Habra, les collines de Mascara, de Trémecen et de Hibder virent successivement décroître le pouvoir inquiétant de Ben-Maïdin.

Nous n'étions pas complètement parvenus à détruire cet enfant de nos œuvres, cependant un grand pas venait d'être fait dans l'ouest ; il sembla qu'une tâche pareille appelait nos armes à l'extrémité opposée de nos possessions. L'instant paraissait favorable : il l'était. C'est à ce moment, et voilà où j'en ai voulu venir, quoiqu'en prenant un long détour, c'est à ce moment que l'expédition de Constantine fut résolue, qu'elle fut déclarée. Le titre de bey de cette province fut donné au chef d'escadron Youssouf, qui de nouveau venait de bien mériter dans les rangs de l'armée. Musulman d'éducation, de langage et d'habitudes, Français par son intérêt et par la carrière rapide que nous lui avons faite, il réunissait les conditions presque incompatibles qu'il nous faut rencontrer pour de tels emplois. Parti de la domesticité comme un Mameluk, brave, adroit et somptueux en vrai chef arabe, jouant le pacha au fond et à l'enveloppe aussi admirablement que s'il était né pour ce rôle, son intelligence, sa résolution, son esprit de finesse et d'audace, ne le laissaient pas au dessous du degré où on l'élevait.

A cette époque, on venait de vaincre ; il ne parut pas dérisoire de donner de si loin un bey aux gens de Constantine ; eux-mêmes n'en furent sans doute pas très-surpris. Le bey

Achmet, dont les exactions et les cruautés ont été terribles,
est détesté ; il ne règne que par l'effroi. En lui donnant un
compétiteur, on crut offrir de nouvelles garanties de protection aux populations autrefois sous ses ordres, qui l'ont
abandonné pour se livrer à nous, qui vivent réfugiées aux
environs et sous le canon de Bône ; on espéra entraîner les
tribus intermédiaires à suivre, en quelque chose, cet exemple, à changer de bannière, et, enfin, ébranler la fidélité de
ses sujets immédiats. Tout cela était bien jugé et se vérifia
en partie.

Restait la mise à exécution de l'entreprise ; elle fut
fixée à la nouvelle saison. Nous étions alors à la fin de 1835.

Je ne rechercherai pas ici avec un grand soin à qui re-
vient la faute des retards qui furent apportés ; peut-être en
trouverai-je facilement l'explication dans la versatilité de
nos idées en fait de colonie : déplorable défaut qui a su
réduire nos six années d'occupation à moins de trois années
efficaces.

J'ai à laisser échapper un autre blâme, qui sonnera moins
mal aux oreilles françaises. Arabe et vantard sont un peu
frères. Youssouf arrivait de Bône où il avait bien servi, il faut
le dire, et où il était resté long-temps; c'était lui qui possédait,
sur Constantine, les meilleurs renseignemens et les plus
complets. Sa jeune ambition le fit-elle s'abuser lui-même, ou
bien le porta-t-elle, sans qu'il s'y méprît pour son compte, à
embellir la vérité, à déguiser les mauvaises chances? Il avait
supposé sans doute que, si la besogne paraissait un peu pénible, on ne voudrait pas l'entreprendre. Il représenta cette
opération comme la chose la plus aisée. Je l'ai écouté à cette
époque, et je me rappelle qu'il se construisait devant lui, avec
une grande facilité d'esprit et une très-heureuse opinion de
lui-même, un fort beau pont de velours jusque dans la Cas-

bah de Constantine, où il tiendrait son divan et rendrait la justice au nom du roi : en regardant bien, on pouvait l'y apercevoir déjà, ou peu s'en fallait. Des mulets pour porter les approvisionnemens, combien en vouliez-vous ? 1,500, 1,800, 2,000 ? Les tribus de la contrée les amèneraient volontiers. Cette province était le vrai pays à mules et à mulets : ce qui n'est pas tout-à-fait faux. Les populations ne demandaient qu'à se soumettre, et attendaient seulement qu'elles pussent le faire sans danger : ce qui est un peu vrai, mais pas tout-à-fait. Pour qu'elles vinssent à lui, il suffisait de le leur désigner pour chef; cela était complètement exagéré. Des milliers de cavaliers irréguliers se mettraient des nôtres. A bien dire, il pourrait presque entrer en possession de son beylick, sans aide : seulement un peu de troupes française ne nuiraient point, pour le bon exemple, pour la manifestation de notre volonté, et pour montrer aux Arabes combien notre tactique est supérieure à la leur. Ces vanteries furent un tort bien grave dont toute une armée française a porté la peine.

Elles étaient fort spirituellement présentées, et avec beaucoup de bonne foi, réelle ou apparente. Je pense bien qu'on ne prit pas pour des certitudes tant de si belles paroles : cependant on en crut probablement beaucoup trop encore. Nous allons voir quelle petite part de ces promesses s'est réalisée.

Bey d'institution française, Youssouf se rendit à Bône; il travailla à y prendre de la consistance, et en acquit. Il s'occupa d'améliorer le corps des spahis réguliers, qu'il commandait, et réussit fort bien en cela ; il organisa un bataillon de Turcs à pied, qui resta peu nombreux et médiocre. Ajoutez qu'il se donna une musique arabe, une garde de chiaoux, et prit les allures d'un prince : ce qui malheureusement paraît obligatoire en ce pays, comme le palanquin, le porte-pipe, le porte-parasol, etc., à un sous-lieutenant de la compagnie des Indes : car il convient de brider son cheval, surtout s'il est difficile, avec le mors qui lui sied. Mais c'est ce que les Anglais comprennent mieux que nous. Youssouf entra, en même temps, en correspondance avec les tribus même assez éloignées, et s'en concilia plusieurs. Le pays environnant devint libre et sûr ; les Européens allaient par terre, sans mésaventure, jusqu'à la Calle et à Tunis ; des officiers du 3ᵉ régiment de chasseurs étaient envoyés en remonte au loin ; ils y achetaient et en ramenaient des chevaux.

Le colonel Duverger, dans les derniers jours de son commandement à Bône, écrivait au maréchal que les choses étaient telles alors ; tout si bien préparé et l'expédition si facile, qu'il sollicitait l'autorisation de l'entreprendre, lui, avec deux bataillons seulement. Je pense qu'on fit très-bien de ne pas accorder cet ordre au colonel Duverger, et qu'il s'abusait jusqu'à un certain point : cependant ne devait-on pas avoir, dans une mesure raisonnable, un peu foi à de telles assurances. De la part d'un chef d'état-major général, d'un commandant de province, elles ne sont point imaginaires ; elles se trouvent consignées dans les registres de correspondance de Bône.

Les mois cependant et la belle saison s'écoulaient. Les dispositions très-favorables que la promesse formelle de l'expédition de Constantine avaient produites chez les Arabes s'effacèrent et se perdirent, faute d'en profiter à temps.

Un camp retranché avait été construit à Dréan, 5 lieues de Bône vers Constantine ; on pouvait s'y rassembler, y réunir ses magasins et partir de cette base : c'était rapprocher le but d'une journée de marche. Deux autres établissemens semblables devaient être construits, l'un à moitié chemin de ce premier poste à Guelma, l'autre à Guelma même. Le point d'approvisionnement, de concentration et de départ eût été porté ainsi à trois petites journées en avant de Bône; le territoire que l'on mettait par là derrière soi eût été réellement dans notre main, et les ressources qu'il offrait vraiment à notre disposition. Dans ce pays, il ne faut compter sur les populations que quand on s'est placé en avant d'elles, quand on les couvre, quand on les renferme. Ces dispositions ne furent pas exécutées; les troupes de Bône étaient peu nombreuses et les pluies commençaient; on craignit les maladies, on craignit aussi de se fractionner trop, et que le corps expéditionnaire ne fût battu par portions, avant d'être rassemblé.

Le camp de Dréan était occupé par Youssouf et ses troupes indigènes, par quelque cavalerie, et une portion du 59ᵉ régiment de ligne. Achmet-Bey poussa une découverte jusqu'à ce poste, y fut battu, mais emmena en se retirant ce qu'il put rassembler de bestiaux dans la contrée.

Le général Trézel, dernièrement nommé au commandement de Bône, s'était empressé à son arrivée de rectifier un peu les illusions, et de rendre compte au maréchal qu'il faudrait rabattre beaucoup des espérances conçues; qu'au lieu des 1,500 mulets promis, on n'en obtiendrait probablement pas plus de 500. Au jour venu, on n'est parvenu à en rassembler, en comptant tout, que 400 et quelques, ce qui fut un mécompte notable.

Le gouverneur général, qui, de son côté, avait sans doute déjà modifié son opinion par des informations moins légères que celles qu'il avait reçues à Oran, venait de demander au ministre de la guerre une augmentation d'hommes, de crédit et de véhicules. Les exigences du budget la lui firent refuser: mais on le laissait libre, soit d'abandonner l'opération, soit de l'entreprendre, avec les moyens dont il disposait, s'il le jugeait à propos. Il eût fait sagement de renoncer à ses projets, mais cela n'était pas dans son caractère. Du reste, on verra par la suite que le succès a été compromis, non par la faiblesse numérique des troupes, mais tout au plus par l'insuffisance du matériel et des moyens de transport.

Privés d'un supplément de forces, il fallait dégarnir Oran et Alger ; la mer nous fut malveillante : les hommes et le matériel arrivèrent difficilement, lentement. Un bataillon embarqué à Oran resta vingt-neuf jours pour cette traversée, qui en exige quatre, et parvint à Bône, juste à temps pour y être laissé. Un bâtiment chargé de 25 à 30 chevaux du train des équipages périt à la côte ; un autre qui en portait autant, au lieu de venir à Bône, s'en alla à Toulon, chassé par les gros temps. Ce fut une soixantaine de chevaux de moins pour le transport des approvisionnemens. On aurait pu y suppléer par des achats, mais l'intendance déclara qu'elle avait les mains liées à cet égard.

C'était déjà le commencement de novembre, époque bien tardive; mais, dans les années ordinaires, celle-ci ne l'a point été, ce mois et le suivant présentent, en Afrique, des séries de beaux jours assez durables, dont on peut profiter avec avantage, dont on avait profité avec un extrême bonheur, l'an précédent, pour les expéditions dans la province d'Oran. Ce sont habituellement des quinzaines de temps frais et sec, par lequel nos soldats supportent infiniment mieux les fatigues et le combat que sous les accablantes chaleurs de l'été.

Monseigneur le duc de Nemours n'était pas attendu ; il vint nous surprendre fort gracieusement à Bône. Ce fut une joie: l'armée aime à voir nos princes se mêler dans ses rangs, en attendant le jour où ils pourront être mis à sa tête. Le maréchal ne tarda pas à venir joindre le prince, et porta son activité dans les préparatifs de départ.

Les pluies violentes et continues qui nous avaient affligés s'interrompirent enfin. Les montagnes voisines se débarrassèrent du sombre vêtement de nuages qui les enveloppait; le ciel d'Afrique commença à reparaître; la plaine de la Seybouse, toute couverte d'eau, se dessécha avec une étonnante rapidité, et trois jours après les routes étaient bonnes.

L'armée dans laquelle le jeune prince n'avait pas accepté de commandement était divisée ainsi :

Le bey Youssouf, avec les spahis réguliers et irréguliers, le bataillon turc, et quatre obusiers de montagne conduits et servis par de jeunes Arabes, formaient une extrême avant-garde, qui reçut à peu près liberté de manœuvres. Youssouf avait sollicité cette faveur, annonçant qu'une fois parti, il se jetterait en avant, et que nous ne le verrions plus guère : mais nous n'avons jamais été privés du plaisir de le voir chaque jour ; et en cela : il fit très-sensément je ne blâme que la fanfaronnade.

M. le maréchal de camp de Rigny commandait la brigade d'avant-garde, composée d'une compagnie de sapeurs du génie, de la compagnie franche de Bougie, du 1er bataillon d'Afrique, du 3e bataillon du 2e régiment d'infanterie légère, du 3e régiment de chasseurs à cheval ; deux obusiers de montagne, une pièce de 8 et un obusier de 24 étaient sous ses ordres.

M. le général Trézel réunissait sous son commandement les 2e, 3e et 4e brigades, ou, pour mieux dire, le 17e régiment d'infanterie légère, les 62e et 63e régimens de ligne, auxquels on avait donné la dénomination de brigades, en adjoignant à chacun d'eux une section d'artillerie de montagne à la disposition du colonel. Cet embrigadement par régimens isolés avait sans doute été adopté pour conserver plus d'indépendance et de mobilité aux élémens du corps d'armée.

Le 59ᵉ régiment d'infanterie de ligne, et deux obusiers de
montagne formaient la brigade de réserve commandée par
le colonel Petit d'Autrive. Elle eut, pendant tous les premiers jours, la pénible tâche d'escorter les parcs d'artillerie
et du génie, les ambulances, les convois de vivres, etc.

Le chef de l'état-major général était le colonel Leroy
Duverger. Il avait sous ses ordres, y compris la brigade topographique, une dixaine d'officiers d'état-major. La plupart, trop médiocrement montés pour les exigences de leur
service, se trouvèrent promptement à pied ; ce qui veut dire
inutiles.

L'artillerie, approvisionnée à 100 coups par pièce, était
commandée par le colonel de Tournemine, qui se montra,
en toutes circonstances, plein de calme et de fermeté.

Le génie était sous les ordres du colonel Lemercier, homme
de grand talent, d'une volonté extrêmement active, puissante et tenace, mais que ses forces corporelles commencèrent à trahir ; dont la santé était déjà délabrée par les travaux immenses qu'il a accomplis en Afrique, au prix d'efforts inouis, et qui succomba aux fatigues de cette dernière
expédition.

M. Melcion d'Arc, intendant militaire de l'armée, était
secondé par le sous-intendant militaire Évain, dont on eut
beaucoup à se louer.

Quelques curieux, volontaires inutiles et peut-être incommodes, s'étaient adjoints à l'armée. Deux dessinateurs, de
genre différent, et de talens distingués, y avaient été attachés pour retracer les sites et les événemens de la campagne.

La force totale du corps expéditionnaire était de 8,000

hommes français et indigènes, 1,600 chevaux et 400 mulets : répartie comme suit :

TROUPES FRANÇAISES.

	Hommes.	Chevaux.
État-major.	30	60
Infanterie.	5,300	50
Génie (7 compagnies).	650	54
Artillerie.	545	330
Ouvriers d'administration et train des équipages militaires.	250	104
Cavalerie.	495	495
Total des troupes françaises.	7,270	1,093

TROUPES INDIGÈNES.

	Hommes.	Chevaux.
Turcs à pied.	300	»
Spahis réguliers.	300	300
Spahis irréguliers.	200	200
Total des troupes indigènes.	800	500
Mulets arabes ou de réquisition.		400

Dès que les routes commencèrent à être praticables, les parcs d'artillerie, du génie et les gros convois furent dirigés sur Dréan, pour s'y concentrer. Le 8 novembre, la brigade d'avant-garde, moins quatre escadrons de chasseurs à cheval, et, le jour suivant, les brigades du général Trézel, moins le 63ᵉ régiment, se mirent en marche, dirigées sur Guelma, lieu de réunion définitive, et véritable point de départ des opérations.

MARCHE.

La marche vers Constantine fut tellement pacifique, que le narrateur ne doit prétendre qu'à en tracer l'itinéraire avec quelque exactitude.

Le 13 novembre 1836, le temps se soutenant au beau, le général en chef et le duc de Nemours partirent de Bône à 8 heures du matin. Le bataillon du 2ᵉ léger, le 63ᵉ régiment de ligne et la majeure partie du 3ᵉ régiment de chasseurs à cheval marchaient avec eux. La brigade de réserve se porta aussi, en même temps, jusqu'à Dréan, pour en repartir le lendemain avec les équipages et le convoi de vivres.

Les soldats de tous les corps étaient déjà pourvus de 5 jours de vivres, en riz et en biscuit, renfermés dans un sac-ches qui ne devait être ouvert que quand l'ordre en serait donné. Ils reçurent au camp de Dréan pour 2 jours de pain et la viande sur pied pour 7 jours. Chaque corps fut chargé de prendre sous sa garde et de conduire à la suite les bestiaux qui composaient pour lui ce dernier approvisionnement.

De Bône à Dréan il y a 4 heures 10 minutes de marche, au bon pas d'un cheval; c'est d'après cette allure que j'évaluerai, dans la suite de ce récit, les distances parcourues. La route est bonne et découverte. On ne se lasse pas, durant ce trajet, d'admirer la vaste plaine de la Seybouse, nue, mais féconde, qu'embellissent quelques points plus fertiles encore, pourvus d'arbres et qu'on désigne sous le nom d'oasis. On laisse à droite de belles montagnes, de bonnes prairies et de riantes collines. C'est sur ce territoire, qui appelle les bras et pour la culture et pour l'assainissement, que se sont réfugiées des tribus chassées vers nous par la cruauté et les déprédations d'Achmet-Bey.

Le camp de Dréan est un retranchement de campagne élevé depuis peu par la garnison de Bône ; les troupes y vivaient sous la tente. Il ne renferme que quelques magasins en planches, et une caserne à deux étages, construite en automne, qui n'avait pu être achevée avant la mauvaise saison et dont quelques portions s'étaient déjà écroulées sous les pluies.

Le maréchal, voulant se rendre, ce jour-là, jusqu'à moitié chemin de Guelma, repartit du camp de Dréan vers 2 heures, et fut porter son bivouac sur le Bou-Afra, à une demi-lieue du marabout de Sidi-Amar, dans le territoire des Ouled-Ben-Asis.

De Dréan à ce point, il y a 2 heures 25 minutes de marche. Le terrain est agreste et en partie couvert de broussailles. La route passe au pied de quelques roches dénudées, qu'on peut apercevoir de la hauteur même de Dréan. Elles s'appellent Adjer-Nahal.

Les routes étaient affermies et bien praticables ; nous marchions avec facilité : la réserve et les convois, auxquels avaient été réunis 400 mulets chargés de vivres et de cartouches, devaient suivre sans obstacles. La première brigade était déjà à Guelma ; les autres nous devançaient d'une journée. Les compagnies du génie marchaient avec elles, chargées, soit d'aplanir à l'avance les difficultés que la route aurait présentées , soit de commencer un établissement aux ruines de Guelma.

Dans la soirée du 13 , un violent orage survint ; une pluie battante dura jusqu'au lendemain à 10 heures. Le Bou-Afra, où ne coulait, à notre arrivée, qu'un filet d'eau, s'éleva de plus d'un mètre et vint envahir le terrain où avaient été dressées, sur la rive gauche, les tentes du quartier-général. Un officier, chargé de porter des ordres à Dréan, fit de vains efforts pour franchir ce torrent; un des cheveaux de son escorte y périt, et le cavalier n'en fut tiré qu'à grand'peine.

Les crues subites et considérables des petits ruisseaux de cette contrée sont à prévoir. Les colonnes qui opèreraient la correspondance entre Guelma et Bône pourraient fréquemment se trouver enfermées tout à coup, soit entre le Bou-Afra et le ruisseau de Muchmeya, où nous parvînmes le soir, soit entre celui-ci et la Seybouse. Cette dernière rivière nécessitera un pont vis-à-vis de Guelma, si l'on occupe ce point d'une manière permanente : il n'y a point à se fier au gué qui s'y trouve.

On put partir vers midi : le chemin s'élève sur une colline prolongée que l'on suit pendant 1 heure; elle est couverte de taillis que nous trouvâmes en partie brûlés, pour renouveler les pâturages, selon la coutume des peuples pasteurs. Du reste tout le pays environnant est sans culture et paraît sans habitans; triste caractère des territoires contestés. On passe trois faibles cours d'eau, qui probablement tarissent en été. Après un peu plus de 2 heures de marche, on parvient, au sortir d'un petit bois, sur le Neichmeya, où nous campâmes. L'infanterie et les voitures n'arrivèrent que vers 4 heures. Le 63ᵉ régiment avait fait un détour pour aller plus haut passer le Bou-Afra. Le régiment de cavalerie, parti avant nous, vers 10 heures, avait continué jusqu'à Guelma.

Le temps s'élevait. Nous quittâmes le bivouac à 8 heures moins un quart. On arriva au sommet du passage de Mouara, dans la montagne de Mouelfa, à 9 heures. De ce point, en se retournant vers Bône, on jouit d'un aspect extrêmement étendu et d'une grande beauté. Vous êtes dans le territoire des Beni-Foughal. On met 1 heure pour descendre, à travers un pays varié et souvent pittoresque, aux bains antiques dits Hammam-el-Berdâa : les eaux en sont tièdes. Des roseaux, des lauriers-roses et des lentisques, ont envahi la majeure partie du bassin, dont une portion circulaire est assez bien conservée. On trouva, en ce lieu, un fragment de mosaïque, et probablement des fouilles y seraient intéressantes. Tout ce pays, au reste, est sillonné de débris antiques. On suit, au partir de là, une route romaine bien reconnaissable : de petites bornes régulièrement taillées, également espacées, en bordent encore les deux côtés. Pour déboucher dans la plaine de Guelma, nous longeâmes, pendant 45 minutes, une vallée charmante et dont la végétation est vigoureuse: un amphithéâtre de montagnes gracieuses et bien boisées se dessine à gauche. Oh! les belles exclamations de joie que ces lieux excitaient chez les curieux venus en poste de Paris, et qui ne voyaient encore de la guerre que ce qu'elle a de singulièrement gai, un voyage armé dans un pays remarquable.

De cette troupe inutile, non pas à l'en croire, mais très-affairée et gravement pétulante, chacun, selon son goût, trouvait là quelque chose à admirer et à vanter : l'antiquaire, l'industriel, l'homme aux grandes cultures luttaient d'enthousiasme. L'un s'emparait de ces prairies, ou défonçait des guérets que celui-là voulait fouiller pour la science : l'autre exploitait les bois, et les faisait déjà, tout débités, descendre la Seybouse. Quels beaux récits on s'apprêtait à faire aux gens de Paris, quand on se retrouverait dans les salons, au centre d'un cercle, debout, le dos au feu! Hélas! de ce nombre il en est que les privations et la peur ont tués: d'autres sont tombés en démence. Tel qui courait à la recherche du moindre cours d'eau, et y bâtissait de suite au moins un moulin, ne se doutait guère alors qu'au retour, la barbe longue et le teint hâve, les yeux égarés, mais plus défait encore et plus changé d'esprit par le découragement, il maudirait les chutes d'eau, et que tous les emplacemens de ces belles usines qu'il avait fait tourner en pensée ne lui sembleraient plus qu'autant d'exécrables fondrières.

Nous descendîmes dans la plaine. Les brigades Trézel étaient campées sous les Tamaris, près de la rive gauche de la Seybouse. Une longue ligne immobile de troupes sous les armes en bordait le cours. Le prince et le maréchal les inspectèrent, passèrent, quoique difficilement, la Seybouse à gué, et allèrent visiter la brigade du général de Rigny, établie plus haut, sur les ruines de Guelma. Les restes de cette ville antique, qu'on prétend être l'ancienne Calama, sont encore imposans. Ils se composent d'une vaste enceinte soutenue de tours carrés. Une partie est debout, une partie est renversée. Je laisse à décider aux habiles si ces murailles en pierres taillées sans ciment ont déjà été relevées, ou si elles sont le pur débris de la construction originaire; mais le tracé m'en a paru évidemment antique. Peu de travail y reproduirait une fortification respectable, qui deviendrait sans doute dans cette belle position le noyau d'une ville nouvelle. Une source coule près de l'enceinte; non loin de là est un amphithéâtre romain et quelques colonnes d'un petit temple.

Le maréchal employa le reste de cette journée à reconnaître lui-même les gués en amont de Guelma et les terrains en avant, dans la direction de Raz-el-Ackba. Ses ordres furent donnés pour le lendemain.

La nuit ne devait pas se passer sans un commencement de mésaventure. L'artillerie avait sous sa garde un certain nombre de mulets de réquisition qui portaient un approvisionnement de cartouches. Au grand désappointement du corps savant, on s'aperçut le matin qu'une soixantaine de ces bêtes de somme avaient disparu, heureusement sans leur fardeau, avec les conducteurs arabes.

Sauf le tort de n'avoir pas fait assez bonne garde, la faute n'en doit cependant pas être attribuée à l'artillerie : cet abandon était le résultat d'une imprévoyance qui venait d'ailleurs. L'intendance militaire, qui fait toutes choses très-lentement et souvent mal, a de plus le malheur de ne savoir défaire ce qu'elle a fait : on avait, à Bône, fixé un prix pour les moyens de transports obtenus des indigènes ; cela avait été l'objet d'un marché très-régulièrement passé, j'en suis persuadé, qui accordait tant par journée pour un mulet, tant pour un conducteur. Seulement on n'avait pas stipulé de fournir des vivres, et, en outre, on ne prévint pas ces Arabes de s'en pourvoir par eux-mêmes. Dès le camp de Dréan, ces malheureux, bêtes et gens, avaient commencé à crier la faim : il était encore possible là de réparer la maladresse commise ; point. On ne sut pas, on ne voulut pas convertir une partie du prix convenu en rations de fourrage pour les mulets et de biscuits pour les hommes. Il n'avait pas été écrit dans le traité qu'ils mangeraient ; on prétendit les faire marcher sans manger, ce qui se trouva fort difficile. Si les mulets seuls eussent été dépourvus, passe encore ; mais les muletiers ne pouvaient pas brouter. Bon nombre d'entre eux préférèrent abandonner leur salaire que de souffrir la faim. Ce ne fut pas la seule fois, durant l'expédition, que ces hommes de louage nous échappèrent comme ils purent, les uns emmenant leurs bêtes de somme, d'autres nous les laissant.

Cette réduction inattendue dans les moyens de transports, déjà si restreints, laissait près de cent cinquante mille cartouches d'infanterie sur le gazon, dans le bivouac de l'artillerie : il y avait impossibilité absolue de les emporter. On

les fit déposer aux ruines de Guelma, où quelques retranche-
mens improvisés étaient déjà de nature à être bien défendus.
Elles furent confiées à la garde d'un détachement de 150 hommes et de quelques malingres, auquel on donna un petit approvisionnement de vivres et l'ordre de tenir là à toute extrémité. Il fut prescrit au bataillon du 59ᵉ resté à Bône de
venir occuper ce camp, où il arriva à temps et sans encom-
bres.

La journée était belle, mais ces dispositions avaient re-
tardé le départ. A dix heures, les deux colonnes séparées par
la Seybouse se mirent en mouvement. Les troupes de Youssouf et toute la brigade d'avant-garde allèrent passer aux
gués reconnus la veille : les autres brigades et les parcs remontèrent la rive gauche et furent chercher un terrain solide
en suivant, vers la droite, des collines à pente douce. Autour
de nous, dans toutes les directions, les coteaux étaient couverts de bétail ; quelques troupeaux se rencontrèrent sur le
passage même des troupes. Celles-ci justifièrent à merveille
par leur conduite cette extrême confiance. Il en fut de même
pendant toute cette journée et les jours suivans.

On rencontra quelques cultures ; on reste stupéfait de les
trouver si peu nombreuses, quand on examine la richesse
du sol.

On passa à dix heures quarante-cinq minutes un petit cours
d'eau : toute l'armée se réunit, et, tournant à gauche, elle entra à onze heures et demie dans une belle vallée d'où descend l'élégante Seybouse. Tout ce pays est fort remarquable
par la bonté du terroir et la puissance de la végétation. Faut-
il accuser l'incurie ou l'insuffisance des populations, s'il ne
paraît fertile qu'en arbres ? Les sapeurs du génie facilitèrent
le passage de deux petits ravins à travers des bois d'oliviers

sauvages et de lentisques [1]. A partir de là, la route est unie et fort bonne jusqu'au confluent de la Seybouse et de Loued-Cherff, au lieu dit Medjaz-Amar. L'abbé Desfontaine (*Nouv. ann. des voyages*, tome 47) fait une remarque très-juste, c'est que le passage ou gué d'Amar est incommode aux chevaux, parce que le lit est plein de roches et de gros cailloux roulés qui les font trébucher ; mais il s'est trompé en croyant avoir passé deux fois la Seybouse à peu d'intervalle. Je suis tombé précisément dans la même erreur; je ne la reconnus qu'ensuite par un examen plus attentif. Je m'étais détaché de la colonne, et j'allais galopant avec la bande de Youssouf; elle devançait le reste de l'armée d'une demi-heure et suivit la route habituellement pratiquée par les gens du pays. Ce chemin est celui qui serre d'aussi près que possible les montagnes de gauche, jusqu'aux gués, et passe ceux-ci au pied même des collines. Il ne convient point aux équipages militaires, parce qu'il est parsemé de grosses roches et d'autres difficultés : je traversai deux fois à gué ce que je crus être le même cours d'eau, et ne m'aperçus que plus tard que j'avais passé une fois seulement la Seybouse, après sa réunion, et l'autre fois son affluent. M. le maréchal, ne voulant traverser, pour s'établir sur le même terrain intermédiaire aux deux ruisseaux, que le bras de la Seybouse au dessus du confluent, dirigea l'armée un peu plus à droite. Elle

---

[1] Ce joli arbrisseau est, je crois, à peu près inconnu en France. En Afrique, on n'en tire pas de produit. Il est cultivé en Asie, où il atteint les dimensions d'un arbre du premier ordre, et fournit une gomme ou résine très-parfumée, qui se vend à haut prix, sous le nom de mastiqui, et que les femmes turques mâchent avec délices. Cette résine est encore employée à d'autres usages; on la distille pour en tirer une liqueur; enfin l'arome qu'elle contient donne une saveur très-délicate et très-irritante à certaines confitures fort réputées à Smyrne et à Constantinople.

vint se masser en carré dans une petite plaine suffisamment
étendue et dernièrement cultivée. Au delà de cet espace, qui
est ménagé par un circuit des montagnes, celles-ci se ressè-
rent sur le lieu même du passage, et ce point présente une
défense naturelle fort imposante. Il serait difficile à enlever,
si peu qu'il fût occupé par quelques opposans. Le promontoire que les deux ruisseaux enveloppent avant de se marier
est dominant et couronné d'arbres : on y trouve les traces
d'un poste romain, en pierres de tailles, placé là avec le talent remarquable de ce peuple à juger et profiter des lieux.
Cette position est en outre protégée, en arrière et à bonne
distance, par des collines couvertes d'un taillis épais. La rivière n'est pas guéable partout : elle est très-profondément
encaissée. Une rampe dut être pratiquée pour permettre aux
voitures la descente : sur l'autre bord, il y a une montée qui
est commode.

C'est à une lieue et demie au sud-ouest de ce point que se
trouve Hammam-Meskoutin, les bains enchantés. Il faut traverser un pays fort difficile pour s'y rendre.

Le maréchal était arrivé à Médjaz-Amar vers deux heures :
ce qui ferait, à l'allure que j'ai déjà indiquée, quatre heures
de marche depuis le gué de la Seybouse; mais il faut déduire
de ce compte près d'une heure et demie pour les haltes fréquentes que nous fîmes. Le bey Youssouf arriva un peu
plus tôt; il campa avec la cavalerie sur la rive droite. L'artillerie parvint au bivouac, sur la rive gauche, à trois
heures, ainsi que le duc de Nemours, qui, gravement indis-
posé depuis deux jours, et plus souffrant encore ce jour-là,
dut faire route en voiture. Les autres troupes prirent leur
bivouac entre quatre et cinq heures. Vers neuf heures du
soir la rampe de descente est praticable et le gué est nettoyé,
grace au zèle des compagnies du génie et à l'active tenacité

de leur colonel. Deux ponts étroits sur chevalets sont établis, par les soins de l'artillerie, pour le passage des troupes de pied. — Le 59ᵉ de ligne, moins 200 hommes restés avec le convoi encore en arrière, arrive à neuf heures du soir.

Des sources filtrantes assez vives ont détérioré la rampe de descente, sur un espace d'une douzaine de mètres, à sa partie inférieure et assez près de l'eau. Il faut remédier à cet accident qui nécessite de nouveaux et difficiles travaux. Le passage n'est effectué que vers dix heures du matin. Le 59ᵉ régiment est laissé au lieu du bivouac pour attendre le convoi et le hâter dans sa marche : ce malheureux convoi a la fatale habitude de ne pas avancer.

Devant nous s'élevait Akbet-el-Achary; ce lieu avait été la montée de la 10ᵉ légion romaine, et porte encore dans son nom les souvenirs d'un éclatant fait d'armes, peut-être de quelque grand massacre. Au sommet, le Raz-el-Akba, la tête de la montée, que nous apercevions depuis trois jours, la termine comme le bord d'un vase.

Les troupes de Youssouf, bientôt appuyées par la 1ʳᵉ et la 2ᵉ brigade, commencent à monter lentement, et s'emparent, sans trouver de résistance, de la position d'Announa, qui s'élève menaçante sur la gauche. Là sont les débris d'une ville antique, vieux restes de fondations probablement numidiques.

Le maréchal se porte à l'avant-garde, étudie le terrain, et, après trois quarts d'heure de halte, qu'il accorde au repos des troupes, il fait avancer simultanément vers la crête du Raz-el-Akba, par la gauche et par la droite, en profitant avec adresse des sinuosités du terrain. Ces précautions étaient superflues. Quelques groupes d'indigènes qui couronnaient les sommets du mont, pareils à des bouquets de mousse sur

un rocher, se montrèrent inoffensifs, se séparèrent et dispa-
rurent à notre approche. A trois heures nos soldats les
remplacèrent sur les crêtes qu'ils venaient d'abandonner.
Ces Arabes étaient-ils des spectateurs oisifs, étaient-ils les
coureurs d'Achmet, chargés de lui reporter la nouvelle de
notre marche et de lui décrire l'attitude de l'armée? On l'a
ignoré. Toujours est-il que ce jour, comme la veille, les
troupeaux n'avaient point été détournés de notre passage,
et que nul n'abusa de cet indice et de ce gage de sécurité.
Pas un habitant n'avait quitté ses huttes et n'y fut troublé.
La fumée habituelle s'élevait paisiblement des toits des villages, où nous devions voir l'incendie à notre retour ; et les
femmes y étaient occupées à leurs travaux, comme si rien
d'étrange ne se passait. Nous avons rencontré ces dispositions
favorables jusqu'au voisinage même de Constantine. Elles
étaient dues, il faut le reconnaître, aux négociations adroi-
tement conduites depuis trois mois par Youssouf. Je me rappelle que les beaux parleurs voyaient alors dans cette marche paisible un résultat concluent, inappréciable, inespéra-
ble; plus tard on n'en a tenu nul compte à ceux dont il était
l'œuvre; le souvenir s'en est perdu dans le désastre ; il est
resté dans les boues, avec la présence d'esprit de plus d'un.

Ma mémoire est ici fidèle et précise; je me souviens net-
tement que les éloges, non seulement à ce sujet, mais à tous
sujets, les complimens même non mérités, pleuvaient à
ce période de l'opération, sur le bey Youssouf, et sur le
chef de l'armée, aussi nombreux que les blâmes peu mé-
nagés au retour. J'ai entendu des mêmes bouches, les uns
et les autres, et je pourrais nommer, si je le voulais. Cela est
particulier et assez digne de remarque : ce qui a été vanté,
je puis dire outre mesure, c'est ce qui n'était pas à l'abri
de tout reproche. Au départ, et pendant l'aller, on trouvait

tout parfaitement préparé , admirablement mené, les moyens plus que suffisans , le succès certain ; hé bien, ce sont ces principes de l'opération qui n'ont pas été exempts de toute faute. S'il y a eu de la légèreté , quelque imprévoyance, une imagination trop ardente à se flatter, un esprit trop confiant aux chances favorables, trop dédaigneux des mauvaises, un caractère trop aventureux, ce fut en cela; c'est par là que l'expédition a péché. A la retraite, tout fut trouvé pitoyable, mal conduit, fautif, inconcevable, insensé ; et, s'il a été fait preuve d'une puissante énergie, d'une rare habileté, d'une activité infatigable, d'un prudent et inébranlable courage, d'une décision rapide et clairvoyante et prévoyante, ce fut alors. C'est grace aux qualités que je viens de dire que l'expédition n'a pas fini par la déroute et l'ignominie. Mais la faim, la fatigue, et la peur sont de mauvais juges.

Reprenons. Quand on parvient au sommet de la montée de la 10ᵉ, les yeux sont surpris, tant la scène change subitement et totalement. En arrière , un terrain vivement, profondément accidenté , très-boisé; de rares populations, peu ou point de cultures , partout de la verdure, et un frais paysage : en avant de vous, pas un arbre, pas un humble arbrisseau, la couleur des guérets partout ; les villages sont nombreux, mais se cachent dans les vallées ; une multitude de mamelons se succèdent avec une uniformité de contours et de nuances qui permet de se méprendre et de s'égarer très-facilement ; ils sont en labour presque jusqu'au sommet, et se terminent généralement par un chapeau de roches plates et chauves. Plus on avance vers Constantine, plus les coteaux s'abaissent et s'adoucissent. La charrue ne néglige plus aucun espace. Par la nature de la terre, toute cette contrée est une véritable Beauce.

On campa à Raz-el-Akba. Les traces d'un nombreux bivouac de cavalerie existaient près et au delà de la crête. Il avait été occupé dernièrement par les troupes d'Achmet, et on reconnaissait qu'il était abandonné depuis peu de jours. La 1re et la 2e brigades s'établirent en avant de la crête ; on y trouve des sources, et il y existait des meules de paille que leurs propriétaires n'avaient pas délaissées : elles leur furent achetées. Les 62e et 63e régimens, le génie, l'artillerie, l'état-major, etc., campèrent en arrière et au dessous de l'emplacement d'Announa.

Le maréchal jugea préférable de ne pas faire suivre aux équipages la route pratiquée à gauche de la coupure par les Arabes, et qui est trop montante ; il fit étudier et tracer un nouveau chemin pour les voitures, en profitant des pentes sur la droite qui sont plus douces. Le génie et les détachemens d'infanterie y travaillèrent immédiatement.

Le duc de Nemours était toujours très-souffrant. Nous avions quelques malades parmi les troupes ; un homme du 17e léger se brûla la cervelle avec son fusil, à moitié de la montée.

Une partie de la journée dut être donnée aux travaux de la route, qui furent vivement menés. L'avant-garde ne se mit en mouvement que dans l'après-midi, et l'armée vint se réunir le soir, à moins d'une heure de marche de Raz-el-Akba, au dessous d'un douar assez considérable, non loin de la naissance d'un petit affluent de l'Oued-Zenati. Cette localité s'appelle Gantara.

Le train des équipages militaires, qui était fort médiocrement attelé, n'arriva de Raz-el-Akba que le matin : on repartit avec lui. Quelques coups de fusils se firent entendre à l'arrière-garde, mais, je crois, par la faute d'un petit nombre de chasseurs à cheval qui s'étaient éloignés pour marau-

der. Après une descente d'une heure et un quart, on passa le
Zenati, un peu en avant du marabou de Sidi-Tamtam, santon
vénéré. Il y avait peu d'eau. Le lit n'est pas très-encaissé;
des rampes purent être pratiquées avec facilité. A dix-huit
minutes du marabout, on rencontre un embranchement de
route où l'on peut se méprendre, et quelques corps y firent
erreur. La route à suivre est celle qui se maintient sur la
rive gauche du Zenati, et remonte la vallée pendant près
de quatre heures, jusqu'au lieu dit Raz-Oued Zenati, la
tête de la rivière de Zenati. La direction de ce val n'est
pas sinueuse; il se termine par un bassin de médiocre étendue, renfermé entre des collines peu élevées. Ce fut là que
l'armée campa. Ce fut là que commencèrent nos misères. Depuis le gué du Zenati, où nous laissâmes dédaigneusement
le matin quelques mauvaises touffes de lauriers-roses mala-
difs, nous n'avions parcouru que des terres de labour où
ne végète pas un misérable arbrisseau. Un vent très-froid
et violent nous avait tout le jour battu au visage. L'emplacement du camp n'était boisé que de tiges sèches de chardons, que les troupes récoltèrent précieusement : unique
et pauvre ressource pour faire la soupe et entretenir le feu
du bivouac. Dans la nuit, une pluie glacée commença à
tomber en abondance.

Les troupes de Youssouf campèrent un peu au delà et sur
la hauteur, près d'un douar considérable; en laissant abattre
les cabanes de ce village, on aurait procuré du bois à l'armée, mais il fut respecté. Quelques scheiks vinrent faire
leur soumission et donnèrent des nouvelles.

Le 59ᵉ régiment, qui, depuis Bône, avait continuellement
tenu l'arrière-garde et escorté les équipages militaires, n'arriva qu'à la tombée de la nuit.

D'après le dire des Arabes, de qui on n'obtient sur les

distances que des renseignemens très-variables et fort peu
sûrs , on se croyait à une très-petite journée de Constantine.
Cette croyance fit prendre en résignation les souffrances
d'une nuit qui avait fort harrassé les troupes. Un ordre quelque peu gascon, à ne juger que comme on fait de toutes
choses après l'événement , fut donné à l'armée pour défendre les désordres lors de l'entrée dans Constantine , assurer
le respect des gens et des choses , la conservation des magasins, des établissemens, des provisions, et diviser la place en
quartiers assignés au premier logement des différens corps.
Le général Trézel, dont la sévère intégrité, l'esprit d'ordre
et de persévérance présentaient toutes les garanties possi-
bles, était chargé de l'exécution de ces mesures. On éprouvait une telle confiance dans le succès prochain , que le
commandant du quartier-général, digne lieutenant-colonel ,
homme âgé et doué d'une merveilleuse bonhomie, ayant lu
dans cet ordre qu'il était chargé d'asseoir le logement du
prince, de sa suite et du maréchal, se disposa à partir tout
seul pour aller en avant remplir cette mission ; il partait si
on ne l'eût retenu. Il est certain qu'au réveil du 20 novembre,
nul dans l'armée , si ce n'est peut-être quelque incrédule de
la bande bizarre du bey Youssouf, quelque damné Musulman né sur le terroir même, nul ne mettait en doute qu'il
dormirait le soir dans une bonne case de l'imprénable
Cyrtha.

Le jeune duc de Nemours, fort souffrant encore, ne voulut
pas consentir à cheminer autrement qu'à cheval.

Sans cesser entièrement, la pluie s'était ralentie. Le 63ᵉ
régiment remplaça le 59ᵉ à l'arrière-garde et à l'escorte des
prolonges. L'armée se mit en marche à sept heures et demie;
elle laissa à gauche et à droite de la route de beaux villages de cabanes. Des groupes d'Arabes se montraient sur les

sommets des coteaux, mais ils se tenaient à de grandes distances, et rien n'indiquait qu'ils fussent disposés à prendre l'offensive. Le maréchal les observait cependant; selon sa manière, qui est fort active et assez incommode pour ceux qui l'accompagnent, les troupes étaient tenues sur leurs gardes et toujours prêtes à combattre : obligations qu'imposent sévèrement, même devant des apparences peu hostiles, un pays montueux et un ennemi d'une extrême mobilité.

Nous venions de passer un point de partage des eaux ; l'armée suivait un plateau qui prolonge, sur la droite, une vallée plus basse. Il eût mieux valu prendre cette dernière à son origine, car il fallut y redescendre après l'avoir évitée ; mais on était indécis sur la direction qu'il conviendrait de préférer à quelque distance de là. Après trois heures de marche environ depuis le départ, on parvint près d'un douar assez considérable, nommé Chaba-Romnia, au pied de la montagne de Fers-Mazetas, toute de roches arides. En cet endroit, la route se partage; l'une prend à droite de la montagne, c'est la plus courte et celle que fréquentent les gens de la province; elle chemine sur un lit de rochers inégaux et est obstruée de grosses pierres. L'autre route descend à gauche par un ravin qui sépare le village de la montagne.

Vers ce point, les groupes d'Arabes parurent plus nombreux et se rapprochèrent. On ne pouvait distinguer qu'à de petites distances, tant les rais de la pluie étaient abondans et serrés. On fit halte, et le régiment de chasseurs à cheval fut formé en avant en bataille, pendant qu'on s'efforça d'obtenir quelques renseignemens moins vagues que ceux de nos guides, qui n'ayant jamais fait la route qu'à cheval ou à mulet, nous disaient tous les chemins bons parce qu'ils les avaient trouvés tels pour leur mode de voyager, mais ne savaient jamais apprécier s'ils seraient convenables pour notre attirail de voitures. Les bourrasques de pluie, qui avaient recommencé presque dès notre départ du bivouac, redoublèrent ici ; elles étaient mêlées de grêlons que le vent poussait avec violence. On descendit dans le vallon. Après l'avoir suivi pendant quinze minutes, on trouve un autre village, fort riche en pailles et en grains : ce fut je crois, le dernier qui était encore peuplé de ses habitans. On remarqua cependant que cette population se composait de vieillards, de jeunes enfans et de femmes, et qu'il ne s'y trouvait pas d'hommes dans la force de l'âge : ceux-là étaient sans doute réunis en armes aux observateurs qui surveillaient notre marche et qui ne seraient probablement pas restés inactifs, si nous n'avions respecté leurs demeures.

A trois quarts d'heure de marche de ce village, au delà d'un petit cours d'eau qu'on rencontre à gauche, est un défilé assez court, mais dangereux. Malgré le grand désir qu'on avait d'avancer vers le but, le maréchal crut nécessaire de faire prendre quelques dispositions pour franchir ce passage sans inquiétudes. La route y suit un chemin creux et étroit, dominé sur la droite et de très-haut par une montagne toute de pierres nues, à gauche par un système de collines prolongées, qui se commandent l'une l'autre. Ce point remarquable s'appelle Mérès : le maréchal s'y tint jusqu'à l'arrivée de l'arrière-garde, qui tarda long-temps : les voitures avaient déjà grande peine à suivre, quoiqu'on marchât fort lentement, et que la tête de colonne fît de fréquentes et longues haltes. Au delà du défilé, on traverse un ruisseau ; c'est l'Oued-Merige.

Les terrains devenaient mauvais, et l'arrière-garde, où je me trouvai un instant, s'encombrait de traînards.

Dans les premières journées de marche, le maréchal avait d'ordinaire fait route au centre ou à la tête de l'armée, avec une sorte de tranquillité et presque de nonchalance qu'il ne faut certainement attribuer qu'à la nature des renseignements qui lui parvenaient. Ce jour-là, depuis le matin, il avait pris des allures tout autrement actives et vigilantes, et, à partir du défilé dont je viens de parler, il ne cessa plus de se livrer, de sa personne, à une répugnance habituelle pour la grande route et pour les chemins frayés. Nous le vîmes continuellement se jeter sur les flancs, droit ou gauche de l'armée, et se porter quelquefois assez loin, sans autre protection qu'une escorte de quelques chasseurs, les épées très-formidables, je n'en fais pas de doute, des officiers de son état-major, et la bonté de son coup d'œil. Il semblait conduit par une prédilection marquée vers tous les points culminans, et ne laissait pas une colline, d'où il pût mieux embrasser d'un regard le terrain environnant, sans la gravir opiniâtrément jusqu'au sommet. Or, dans cette contrée, l'occassion de prendre ce genre de distraction est plus que fréquente, elle est perpétuelle; aussi la plupart de ceux qui s'étaient volontairement adjoints à l'état-major du maréchal commencèrent à trouver cette façon de procéder assez impatientante. A ce propos, le jeune fils du roi, qui ne cessait cependant de montrer la plus gracieuse déférence pour le chef de l'armée, ne put lui-même retenir une légère expression de naïf ennui : je l'entendis laisser échapper ces mots : « Je ne sais quel démon pousse, ce matin, le maréchal à monter sur toutes les taupinières qu'il rencontre. » Bornant là cette innocente plaisanterie, le duc de Nemours n'en continua pas moins à suivre partout le général en chef avec une persévérance véritablement remarquable, et que l'état très-souffrant de son altesse royale rendait plus méritoire encore.

Toute la route que nous parcourions est, on peut dire,

jalonnée par des ruines de postes militaires et de tours carrées,
en pierres de taille, ouvrages des Romains, qu'on retrouve
à des intervalles presque réguliers. Les premières assises de
quelques uns de ces blockaus antiques, plus durables que
les nôtres, sont encore debout; le reste des pierres gît à l'en-
tour, et la réédification serait facile.

Nous soupirions impatiemment après Constantine, fa-
rouche beauté qui ne devait pas devenir notre conquête, et
qui a ri de nos souffrances; nous espérions sans cesse l'atteindre bientôt; elle semblait fuir devant nous. Dans cette
région impitoyablement uniforme, chaque rideau de terrain
dépassé nous découvrait un nouveau terrain semblable à
franchir, laissant invariablement apparaître, au dessus, le
sommet de la montagne au profil remarquable qui indique
de très-loin le gisement de la ville, mais rien de plus. Cet
immense point de repaire, terme assigné à notre marche,
ne paraissait pas se rapprocher sensiblement.

Le jour tirait à sa fin, quand on parvint au lieu nommé sur
les cartes *Soma*, et *Summa*, et dont le nom véritable pourrait
bien être *cemáa* (le minaret). C'est un plateau très-domi-
nant et de quelque étendue, où s'élèvent les ruines d'un édi-
fice antique attribué à Constantin. Ce monument solitaire
est composé de puissantes dimensions : au dessus et
à chaque angle se tiennent encore debout quatre pilastres
que surmontait probablement une pyramide quadrilatère.
Les faces de ces piliers offrent un enfoncement de la forme
d'un disque, où s'encadraient sans doute des médaillons,
des emblêmes, que le temps a détruits. Le choix du lieu, d'un
aspect sévère, est digne du monument, dont l'effet est grave
et imposant. Quels souvenirs rappelle-t-il? Sont-ce là les
vestiges de la victoire ou des débris funéraires ! Les vigou-
reuses aigles romaines ont-elles ici battu des ailes et poussé

le cri de triomphe? ont-elles pleuré en ce lieu? J'inclinerais vers cette dernière pensée; mais peut-être en jugeant ainsi j'obéis aux impressions douloureuses que j'ai ressenties dans ce bivouac lugubre, et qui, pour moi, ont jeté leur crêpe sur ce que j'y contemplais.

Les premières troupes de l'avant-garde parvinrent à Sumna, ou Cemâa, un peu avant la chute du jour, et purent, entre deux ondées, apercevoir Constantine, à trois petites lieues. Le gros de l'armée n'arriva au même point qu'à la nuit tombante, et, par un redoublement de vent, de pluie furieuse, et de neige épaisse, qui ne permit pas d'établir le bivouac avec régularité; les corps furent laissés où ils s'étaient arrêtés d'eux-mêmes : on fixa en arrière l'emplacement de ceux qui étaient encore en marche. De ce nombre, et en dernière ligne, étaient le régiment d'arrière-garde, 63ᵉ, et les voitures, qui ne rejoignirent que tard, et avec de bien grandes difficultés, en ordre toutefois. L'arrière-garde avait rassemblé et ramenait un bon nombre de traînards de tous les corps ; j'ignore comment elle était parvenue à recruter tout un escadron d'ânes, de mulets, et de mauvais chevaux, mais elle avait réussi à fournir une monture à la plupart de ces malheureux. J'ai vu passer cette triste cavalerie, spectacle douloureux qui me sembla déjà porter avec lui de bien sinistres présages.

Il m'a été difficile ce jour-là de tenir exactement compte de la route : j'estime à peu près la distance parcourue à six heures de marche, soit environ sept lieues et demie de poste.

Deux soldats, l'un du 62ᵉ de ligne, l'autre du 17ᵉ léger, se poignardèrent avec leur baïonnette, le premier dans le village au premier tiers de la route, le second à peu de distance plus loin. Le Moniteur algérien s'est ébahi à ce sujet, trouvant fort étrange qu'il y eût eu des exemples de suicide

parmi les troupes, en allant, lorsque les souffrances n'é-
taient pas encore à leur comble, et, qu'au retour, lorsqu'elles
étaient devenues presque intolérables, aucun soldat ne se
fût donné volontairement la mort. La chose est simple et
très-explicable : c'est qu'au retour, harcelés que nous étions
par des fourrageurs sanguinaires, il n'était plus besoin de
prendre la peine de se tuer ; il suffisait de s'attarder. Ceux
que le découragement surmontait n'avaient qu'à se détour-
ner un peu de la route, à s'asseoir derrière un buisson, à s'y
étendre, à laisser venir le sommeil que l'affaiblissement et le
froid appelaient; si l'arrière-garde les dépassait inaperçus,
ou sans les contraindre à se lever et à marcher, ce qui certainement n'arriva que trop souvent, quelques efforts qu'elle
ait pu faire, en peu d'instans le résultat funeste était ob-
tenu. Sous cette forme, très-commode, nous avons eu, au
retour, un fort grand nombre de suicides.

L'armée n'avait fait guère plus de sept lieues, comme je
l'ai dit ; mais le jour eût-il duré davantage, je crois qu'elle
aurait été hors d'état de pousser plus loin : elle était vraiment accablée par une marche lente, mais pénible, dans
des terres profondes, fortes et détrempées. Sur un sol où,
de pied ferme, on enfonçait jusqu'à mi-jambes, et sous des
rafales de pluie et de vent, les haltes fréquentes n'étaient
elles-mêmes qu'une fatigue. Cependant les souffrances que la
nuit préparait devaient dépasser beaucoup celles de la journée. On n'avait pas trouvé un fétu de bois pour préparer des
alimens ou pour réchauffer ses membres mouillés et engourdis. Pas un feu, pas une lueur ne brilla durant ce sinistre
bivouac. Le terrain n'était que fange ou aspérités de rochers ;
la bise soufflait avec colère ; une pluie glacée ne cessa de
tomber à torrens, mêlée de nuages épais de neige à gros
flocons, ou d'ouragans de grêle. Ce lieu voulait-il nous ap-

prendre ce qu'avaient peut-être eu à y supporter les soldats de la vieille Rome ?

Le 62ᵉ régiment de ligne reçut ordre de relever le lendemain le 63ᵉ et de prendre l'arrière-garde et l'escorte des voitures.

21 novembre.

Au jour, 17 hommes étaient morts de froid ; beaucoup d'autres étaient incapables de marcher ou même de se lever. Nombre de soldats et quelques officiers avaient eu les extrémités gelées ; le visage des mieux portans était changé comme après une maladie. Les jarrets des meilleurs chevaux tremblèrent toute la matinée sous leurs cavaliers. La neige était tombée si serré, que, malgré la pluie, elle couvrait encore la terre à trois pouces d'épaisseur. Le temps ne se calma ni ne s'adoucit.

Nous voyions le but : il fallait l'atteindre ; le pourrait-on ? Sans avoir encore rencontré d'ennemis, l'armée était déjà aux trois quarts battue. Mais qui eût parlé de retour aurait été traité de fou, et les plus souffrans n'auraient pas été les moins violens à crier à l'absurdité ou à la trahison.

Les malades et quelques mourans furent chargés sur les cacolets d'ambulance, sur toutes les montures disponibles et sur les voitures les moins pesantes. Le reste des troupes trouva dans le sentiment du mal-être présent un renouvellement de forces pour se remettre en marche et pousser au but. Bien qu'on n'eût presque qu'à descendre, il fallut doubler les attelages de tous les parcs ; c'est-à-dire que la totalité des chevaux conduisaient la moitié des voitures à quelque distance, venaient reprendre les autres, les amenaient au même point, et recommençaient avec une grande perte de temps, et en triplant le trajet.

Je n'estime qu'à une lieue la distance entre le monument

de Summa et le ruisseau improprement désigné sous le nom
de Boug-Nazroug, nom qu'il ne prend que plus bas, et qui là
s'appelle Oued-el-Adjera. On fut bien long-temps à faire cette
lieue : bêtes et gens, tout était débile et endolori par le froid.

Cette petite rivière, subitement accrue, était à peine
guéable, et roulait une eau jaunâtre, rapide et glacée. On
fit reconnaître les deux points les plus praticables ; à chacun
de ces points, de doubles cinquenelles furent tendues pour
tracer la limite du gué, et prêter un soutien aux soldats qui
chancelaient en marchant dans l'eau jusqu'à la ceinture. Le
passage s'effectua avec peu d'ordre, lentement donc et péni-
blement. Je crois qu'aucun homme n'y a péri, mais des chevaux d'attelage s'y noyèrent ; on vit des bêtes de somme,
avec leurs charges, emportées par la violence du courant ;
des mulets d'ambulance tombèrent, furent entraînés et les
caisses d'ustensiles ou médicamens qu'ils portaient perdues
ou avariées.

L'impatience d'arriver, croissant à chaque nouvelle averse
qui nous assaillait, faisait sentir sa mauvaise influence, et,
comme toujours, pour se hâter trop, on se retardait.

L'armée, après s'être pressée au passage, se groupa assez
confusément sur la rive opposée : la plupart de ceux qui devaient contribuer, chacun pour sa part, à maintenir ou à réta-
blir l'ordre, ne s'y portaient que mollement, et ceux qui devaient s'y soumettre, plus difficilement encore. Il fallut du
temps pour vaincre cette indifférence ou cette résistance
blâmables. On y parvint : l'armée reprit, en dépit du ciel
et d'elle-même, je crois, son attitude régulière, se reforma
en colonne, fut remise en marche, contourna un mamelon
que l'Oued-el-Adjera enveloppe dans un circuit, et descendit la rive droite, après que les compagnies du génie eurent
amélioré un mauvais passage resserré entre la colline et la

rivière. Il y a de ce point deux petites heures de marche jusqu'à Constantine. La route est à peu près unie, et en temps ordinaire elle doit être bonne, mais alors elle était profondément défoncée, et presque impraticable.

M. le maréchal prit le devant avec les troupes de Youssouf, pour aller reconnaître, par lui-même, cette ville qu'il venait investir. Je me joignis à cette cavalcade : je remarquai de beaux et nombreux douars. On passa deux cours d'eau qui, comme le précédent, étaient grossis par les pluies et la fonte des neiges, mais moins profonds et moins difficiles. Une demi-heure avant d'arriver à la colline de Mansoura, on laisse à droite, entre deux coteaux, une ferme ou maison de campagne dont la structure, étrange en ce pays, me rappela un peu l'aspect des habitations suisses. En avançant encore, on aperçoit dans un fond, à gauche, au pied des collines et près du Rummel, un jardin peuplé d'arbres; c'étaient les premiers qui s'offraient à nos yeux depuis quatre jours ; un peu au delà et tout-à-fait devant vous, apparaissent six arcades d'un bel aqueduc romain et la jolie éminence de Koudiat-Ati, avec ses maisons de campagne et ses cimetières. On tourne à droite, et l'on monte sur le plateau de Mansoura; la ville vous fait face.

L'armée suivit de près : elle paraissait déjà délabrée par les souffrances. La maladie et le découragement surtout appauvrissaient déjà les esprits, s'ils n'éclaircissaient pas encore les rangs.

Il n'en est pas moins vrai qu'ainsi se trouvait réalisé ce qu'on avait cru pouvoir présager de Bône et annoncer au ministre de la guerre, qu'il n'était pas improbable que l'armée parvînt jusqu'à Constantine sans coup férir. Nul doute qu'un tel résultat, fort important en lui-même, et indépendamment de l'issue du siége, ne fût dû qu'à des négociations entreprises à l'avance et conduites avec quelque habileté. L'expédition, malgré le début qui justifiait cette prévision, n'a pu cependant échapper devant la chambre des pairs au blâme d'un esprit élégant. Mais, quoi qu'en ait pensé et dit le noble orateur, la perfidie numide dont il parle ne s'est pas montrée même pendant une retraite malheureuse : l'inclémence peu ordinaire de la saison a seule causé le désastre , bien que M. Villemain affirme qu'on en a eu un autre exemple , il y a deux mille ans. Je le veux bien, mais cela prouve que pareil événement n'est pas nouveau, sans prouver qu'il soit fréquent.

Avant de prononcer si hautement le blâme, ne serait-il pas sage de se demander si la même opération, entreprise pendant l'été, dans la belle saison , n'aurait pas été exposée à des dangers d'une autre nature , à des chances plus désastreuses encore, et surtout beaucoup plus certaines. On lit dans l'histoire qu'une ou deux fois, en Afrique, les armes de Rome ont trouvé la défaite et la honte sous les pluies de l'hiver ou de l'automne : quelque esprits ont pu en conclure qu'on avait eu grand tort de se mettre aux champs en automne et en hiver. Et moi j'en déduis que l'expérience avait enseigné aux Romains, rudes cependant, que ce n'est point dans l'été qu'il est permis de guerroyer dans la Numidie. S'il en avait été autrement , s'ils n'avaient pas eu pour règle et pour habitude les campagnes d'hiver , au lieu des deux exemples cités par l'orateur, ou trouverait, dans les mêmes histoires, trente exemples d'armées romaines qui auraient été vaincues et détruites par les chaleurs de l'été.

ATTAQUE.

La ville de Constantine est, par sa position, une ville, je crois, unique. La nature a voulu, en ce lieu, enfanter à elle seule l'enceinte d'une place forte ; elle l'a fait au prix , sans doute, de quelque violente commotion dont ses entrailles ont dû tressaillir.

Au sein de collines dont le mouvement est assez doux et qui forment, par leur disposition originaire, les immenses glacis de ce rempart surhumain dans la plus grande partie , au milieu d'une terre féconde , la nature a chassé hors du sol ou déchiré de ses mains un promontoire de roches calcaires d'une audacieuse bizarrerie, et qui ne tient aux coteaux voisins que par un bras. Cette vaste table s'incline diagonalement, par une pente prononcée , vers l'est. La ville l'occupe en entier. A partir du point le plus bas, où le ruisseau sableux, le Rummel , vient d'abord s'engloutir en atteignant la ville jusqu'au point le plus élevé vers lequel il l'abandonne , c'est-à-dire sur plus de la moitié du pourtour, la défense consiste en une énorme tranchée qui n'est pas œuvre de l'homme, en une déchirure, largement béante, creusée en abîme entre deux murailles de roc vif, qui forment une escarpe et une contrescarpe entièrement à pic. Le Rummel s'engouffre dans ce ravin , le parcourt et y disparaît, dit-on , deux fois. La face qui part du point le plus élevé et s'étend jusqu'à l'isthme, domine des jardins et une belle et vaste plaine du haut d'un précipice de 4 à 500 pieds. Enfin, la plus petite des faces , celle de l'itshme vers la colline de Koudiat-Ati, est la seule que la nature semble avoir, à dessein, laissée accessible, pour que cette forteresse ne fût pas hors de l'usage des hommes : elle seule a nécessité le travail de leurs mains. Là est un rempart , une batterie et trois portes, celle de l'Apport, celle de la Rivière (dite aussi du Marché) et la Porte-Neuve. Le reste de l'enceinte est si redoutable par lui-même, qu'en beaucoup de points on n'y a ajouté nulle défense : des façades de maisons, les murailles des cours, quelquefois de petits murs à hauteur d'appui ou un parapet seulement bordent immédiatement la roche perpendiculaire. Au nord de la ville, au point où le Rummel et le ravin dans lequel il coule inaperçu, comme je l'ai dit, changent de direction presque à angle droit, un pont a été jeté, long, étroit et d'une grande hardiesse ; il conduit à une porte d'une bonne construction: c'est Bab-el-Cantara ; la partie supérieure de cette porte est une sorte de galerie couverte, assez semblable à une attique de maison moderne, assez élégante, et dont les meurtrières nombreuses battent le pont et défendent les approches.

La ville est bien bâtie ; elle a de la ressemblance avec quelques villes d'Espagne ; de beaux édifices s'y font remarquer. Une casbah, qui paraît plutôt une demeure qu'une citadelle, en occupe l'angle supérieur vers l'ouest, et commande les différens quartiers de la ville, mais sans grand danger, je crois, pour un assaillant qui aurait pénétré dans l'enceinte.

Telle est Constantine : dès le premier regard, on reconnaît que ce n'est pas une bicoque à enlever d'un coup de main ; il suffit aussi d'un regard pour s'apercevoir qu'elle ne peut être assiégée de pied ferme et d'une manière valable que par le point où elle se rattache à la colline de Koudiat-Ati. Partout ailleurs, y compris la porte du pont, on ne saurait agir que par surprise, et tenter l'escalade, les assauts de nuit, et cela même avec des chances assez aventureuses.

Il faudrait une armée considérable pour l'investir totalement.

La colline de Mansoura domine une partie de la ville ; la canonnade ferait de là quelque mal aux habitans ; mais, ruiner des maisons, ce n'est pas s'emparer d'une place. Les premières troupes arrivées se groupèrent, avec nombre de carieux, au sommet de cette position , contemplant le hâvre à travers les raies de la pluie , dans l'entre-deux d'une tempête qui s'éloignait et d'une autre qui accourait sur de sombres nuages.

On savait qu'Achmet-Bey avait quitté Constantine et s'était retiré vers Milah, avec ses femmes, ses trésors et une partie de ses troupes , laissant le commandement à son lieutenant. Je crois que quelques esprits bénévoles , sans doute plus heureusement organisés que d'autres , s'attendaient encore, en ce moment, à voir sortir et s'avancer vers nous une belle députation des habitans qui nous offriraient respectueusement l'entrée de leur ville et de leurs maisons ; mais il n'en fut rien. Nous ne reçûmes d'autres messages que deux ou trois coups de canon , fort bien ajustés : compliment qui rassasia la curiosité du plus grand nombre. L'étendard rouge des ottomans flotta sur la principale batterie et sur un autre point.

La 1re et la 2e brigade , sous le commandement du général de Rigny , arrivaient en bas de Mansoura ; elles reçurent ordre de se porter rapidement sur la colline de Koudiat-Ati, où se promenaient quelques cavaliers ennemis ; d'occuper les enclos et de s'emparer des approches. Mais ces troupes avaient à traverser le Rummel , dont le cours était abondant : le mouvement ne put être exécuté avec toute la célérité désirable. Pendant qu'il s'opérait, des gens de pied, au nombre de 1,000 à 1,200, sortirent de la ville, vinrent s'embusquer dans les maisons et les cimetières, et commencèrent de là un feu soutenu contre nos premiers tirailleurs qui montaient. Une foule d'habitans sans armes, des femmes même en grand nombre , avaient suivi la sortie ; et cette population se pressait en arrière des combattans pour les encourager par sa présence et par ses clameurs. Cependant la 8e compagnie du bataillon d'Afrique, commandée par le lieutenant Bidon, s'était emparée d'un premier poste ; elle se porta audacieusement en avant, fut repoussée un instant, perdit quelques hommes, qui furent hachés sous ses yeux ; mais, soutenue bientôt par les autres compagnies du même corps, par les escadrons de chasseurs et un peu après par le 17ᵉ léger, cette brave tête de colonne reprit son avantage, s'élança de nouveau, culbuta à la baïonnette ce qui voulut s'opposer à sa course. L'ennemi commença à se replier, et tout à coup se prit à fuir dans le plus grand désordre, sans regarder derrière lui, est le mot le plus juste que je puisse trouver. Toute cette masse, femmes, hommes armés et désarmés, se précipita tumultueusement vers la ville et s'agglomera devant les portes qui n'ouvraient pas une bouche assez large à ses flots pressés. Elle ne fut protégée contre une charge de cavalerie qu'on essaya, mais qu'on ne poussa pas à fond, que par deux coups de canon sans effet. Un peu plus d'ensemble, de détermination, d'entrain, et les deux premières brigades pénétraient dans Constantine à la suite, au milieu même de ses habitans et de ses défenseurs terrifiés. On n'y pensa pas, ou on n'osa pas, mais le succès immédiat n'a été séparé d'un échec complet et lamentable que par cette distance : quelques toises d'un bon terrain et un petit temps de course ; grand sujet de méditations !

Au surplus, les ordres donnés n'avaient pas prévu cette possibilité, et ne prescrivaient pas de tenter cette entreprise ; mais il est quelquefois à propos de savoir bien faire sans ordres.

La 1ʳᵉ et la 2ᵉ brigade occupèrent les maisons et les enclos de Koudiat-Ati, s'y établirent et s'y retranchèrent : plus heureuses que les autres troupes, elles y furent un peu à l'abri, y trouvèrent quelques arbres, un peu de bois.

Les 4ᵉ et 5ᵉ brigade campèrent à Mansoura, ainsi que l'artillerie qui parvint le lendemain matin à y conduire ses pièces,
à grand renfort de chevaux. Les troupes de Youssouf et le
quartier-général occupèrent le même point.

La 3ᵉ brigade (62ᵉ régiment de ligne), avec les compagnies
du génie, le parc d'artillerie, celui du génie et le train des
équipages restés en arrière, étaient retenus par les boues,
et faisaient des efforts inouis pour rejoindre; mais ils durent
s'arrêter où la nuit les prit.

La colline de Mansoura offre un plateau en labours, d'un
tiers de lieue d'étendue environ. Sa partie la plus élevée est
vers la ville, mais ne va pas jusqu'à joindre le ravin. Elle
laisse entre son sommet et lui un intervalle abaissé, soumis
au feu de mousqueterie de la place, et qui fait office d'un
véritable chemin-couvert. Les flancs de la colline, principa-
lement au sud et à l'est, renferment un grand nombre de
grottes, de cavernes spacieuses. Les deux plus vastes et les
mieux exposées furent réservées pour l'ambulance; les autres
servirent de refuge à des soldats qui s'y entassèrent confusément : abri salutaire sans doute, mais occasion d'un grave
désordre. Ces hommes de tous les corps, même des corps
campés à Koudiat-Ati, y étaient groupés pêle-mêle. Vainement on les en chassait; ils y revenaient sans cesse, peu à
peu, un à un, et quand leurs compagnies prenaient les armes,
ils manquaient obstinément aux appels et au combat. Ceux
qui abusèrent le plus en cela, furent les spahis de Youssouf:
dès l'arrivée, ils se blottirent, cavaliers et montures, dans ces
asiles, et on ne les en pouvait arracher quand on avait besoin
d'eux.

Lorsqu'on arrive à la position de Mansoura par la route
que nous avions prise, et qui est le seul point en pente douce,
on trouve d'abord deux enclos cultivés en jardinage, et

possédant une source et quelques mauvais arbres ; près de là, une couple de fontaines et une petite mosquée où se casa l'état-major général : au dessus et à gauche, le marabout de Sidi-Mabrouk, qui fut le logement de son altesse royale, et où, par grande bonne fortune, elle trouva un peu de paille ; enfin quelques huttes en jonc. La moins mauvaise reçut le maréchal et ses officiers ; on m'a dit que quelques malheureux soldats mourans s'y trouvaient déjà quand il y vint. On ne les en chassa point ; trois expirèrent dans la nuit, ayant peut-être servi d'oreiller à de moins malades, car le logis était étroit. D'autres malheureux restèrent morts, le nez dans la fange, au seuil de ce marabout, de ce sépulcre qui se trouvait la demeure du jeune fils de notre roi : douloureux enseignement ! Au matin, il fut aussi trouvé des cadavres en travers de la route même, çà et là, dans la boue, à l'endroit où ils tombèrent ; d'autres plus honorablement au pied de leurs faisceaux d'armes, la tête reposée sur le sac : dignes soldats !

Dans la soirée, le froid était redevenu d'une rigueur excessive ; la pluie et la neige avaient repris avec violence.

Le 59ᵉ régiment, qui couvrait le quartier-général, put profiter de quelques branches de figuiers arrachées à l'enclos voisin : le 63ᵉ régiment, plus éloigné, fit la soupe avec ses coffrets de giberne et les planchettes de ses sacs ; ressource d'un repas, à laquelle n'avaient certainement jamais pensé ceux qui inventèrent l'agencement des havresacs et des gibernes.

22 novembre.

Le jour reparut, mais chargé d'épais nuages : la neige avait recouvert la boue. Je n'ai rien vu en ma vie de plus sombre et de plus glacial que cette matinée, si ce n'est les physionomies que je rencontrais ; je ne sais rien qui fût plus alarmant que ces gros nuages qui venaient lourdement, à la file, si ce n'est les discours effrayés que presque chacun se permettait déjà, à demi-voix encore, il est vrai ; ce dernier reste de retenue ne fut même pas conservé jusqu'à la fin.

Le colonel d'artillerie Tournemine avait vainement pris à tâche de conduire un canon de 8 à la position de Koudiat-Ati ; quelque nombre de chevaux, affaiblis par la fatigue et le froid, qu'on eût attelés, quelques extrêmes efforts qu'on eût faits, il avait fallu y renoncer. Cette position était cependant l'unique point d'attaque raisonnable.

L'artillerie réussit seulement à amener ses pièces de campagne jusqu'à Mansoura ; les roues enfonçaient en place jusqu'au moyeu. Elle commença de là à tirer pour prendre en rouage et démonter les pièces de la batterie principale qui fait face à Koudiat-Ati.

Quoiqu'il fût de bonne heure, le maréchal était agissant depuis long-temps ; après avoir fait ouvrir le feu sous ses yeux, il était allé voir les troupes, tâchant de les rassurer par sa mine ferme et animée ; il pourvoyait aux choses les plus pressantes, et ordonnait diverses dispositions, quand un premier envoyé lui arriva du camp des boues, comme on a depuis appelé le lieu où avait bivouaqué l'arrière-garde, à 3,000 mètres environ de Mansoura. Cet exprès venait demander du renfort, disant que les voitures n'avançaient pas ; que les Arabes se rassemblaient en grand nombre et allaient attaquer. « Rien de mieux, dit le maréchal ; s'il en est ainsi « je vais conduire l'armée où est le convoi, puisque le con- « voi ne peut pas venir où est l'armée. Dites à votre colonel « qu'il faut qu'il tienne, me comprenez-vous ? et qu'il m'a- « mène les voitures. »

Cependant il donna l'ordre à Youssouf de rassembler ses spahis et de courir de suite soutenir ou dégager le convoi. « Je pense, disait le maréchal, que, lorsque l'arrière-garde

« aura avec elle autant de cavaliers qu'elle en a devant elle,
« et de la même espèce, elle se rassurera. »

Un second envoyé succéda presque aussitôt, réclamant du
secours, disant que l'arrière-garde allait être enlevée; que
le 62ᵉ n'avait pas plus de 300 hommes. Lors le maréchal :
« 300 hommes ! qu'avez-vous fait des autres ? la pluie les a-t-
« elle fondus ? ou bien vous avez peut-être combattu. Avez
« vous eu 1,000 hommes hors de combat ? cela ne peut pas
« être, et je n'ai pas de renfort à envoyer. »

Cette dernière phrase n'était que trop vraie : les quatre
petites brigades partagées en deux camps étaient séparées
sur leur communication par un large ravin et une rivière ;
elles occupaient de Koudiat-Ati à Mansoura une ligne qui
aurait beaucoup mieux convenu, par son étendue, à une
armée de vingt mille hommes qu'à un corps de 4,000 faibles
baïonnettes ; aussi de bons esprits blâmaient-ils, et à juste
titre, un tel développement comme une témérité. Mais ce
n'est pas par là que l'affaire a mal tourné.

Le maréchal tout en rudoyant le porteur d'un avis inquiétant, dont l'exactitude ne lui paraissait pas vraisemblable,
expédia immédiatement un de ses officiers en lui ordonnant de
faire une extrême diligence. Il le chargea de prier le colonel Lemercier, demeuré à l'arrière-garde avec les troupes
du génie, de faire acte de tout son zèle et de toute sa puissance d'entraînement ; de mettre en œuvre tous les efforts
imaginables pour faire cheminer, vite ou lentement, ses prolonges et celles de l'administration ; il le chargea de trans-
mettre au colonel du 62ᵉ régiment l'ordre de tenir ferme à
toute extrémité, et de ne pas abandonner une seule voiture,
quoi qu'il arrivât. L'officier partit et fit hâte.

Les détails qui suivent, je les tiens de source, et j'en puis
affirmer l'exactitude.

Cet officier (c'était un capitaine de Zouaves) trouva la route jalonnée par des morts, déjà tous décollés ou désoreillés : c'étaient les cadavres de soldats qui avaient tenté de venir isolément, dans la soirée ou durant la nuit, de l'arrière-garde aux positions devant Constantine, et qui avaient été rencontrés par des rôdeurs arabes. Il y en avait une soixantaine : de ce nombre étaient sept canonniers gardes-côtes.

Non loin , le commandant Youssouf, le pistolet au poing, s'efforçait, à prières et à menaces, de rassembler ses spahis, et réussissait médiocrement.

Au ruisseau appelé Bil-Beragnet, se trouvait le colonel du génie, avec toutes ses voitures : quelques unes avaient déjà dépassé cette difficulté. Il les faisait cheminer pesamment en multipliant successivement les attelages sur chacune d'elles, et en y ajoutant des forces de bras appliquées avec intelligence. Là les ordres du maréchal étaient prévenus avec une grande énergie. Ces compagnies du génie , non employées au travail, massées un peu à droite des voitures, sur une éminence, protégeaient l'opération ; elles n'étaient point attaquées. Ces prolonges parvinrent toutes au camp de Mansoura, dans la nuit, à l'exception de la dernière, qui n'y monta que dans la matinée du lendemain.

A un demi-quart de lieue plus loin, sur une autre élévation semblable, à droite aussi de la route, les restes du 62ᵉ régiment tenaient position. On aurait pû prendre cette troupe pour un détachement, elle était réduite à environ 280 hommes. En approchant, on reconnaissait que c'était tout le canevas d'un corps, au nombre des officiers, dont la plupart s'étaient armées de fusils de soldats.

Au delà de ce point, le long de la route, à la descente, on voyait toutes les voitures de l'administration abandonnées l'une après l'autre, à de courts intervalles : la plus proche se trouvait à une grande portée de fusil ; la plus éloignée à une portée de canon. Elles avaient pu être dételées ; elles étaient déjà presque totalement vides de leur chargement. Des Arabes s'agitaient autour d'elles, achevant de piller ce qu'ils y trouvaient encore, ou achevant de mutiler misérablement des soldats gisans près de barils culbutés avec eux ou par eux dans les boues.

Enfin, on apercevait au loin, sur les collines, de nombreux ennemis n'attaquant pas, mais paraissant se tenir là en soutien de leurs pillards. Des points qu'ils occupaient aux voitures, existait un va-et-vient hâtif d'Arabes, emportant ou venant prendre : pour ces derniers, il ne devait déjà plus rester que peu de choses à glaner : la récolte paraissait fort avancée.

L'officier d'ordonnance transmit au colonel du 62e régiment les ordres du maréchal, bien que le spectacle qui s'offrait à ses yeux lui indiquât suffisamment que ces ordres n'avaient plus d'objet.

Les causes de l'affaiblissement rapide et funeste du 62e de ligne sont explicables : On ne peut pas dire que ce régiment avait combattu ; qu'il avait subi des pertes d'hommes par le feu de l'ennemi : non ; mais il avait tenu, d'une manière extrêmement pénible, l'arrière-garde aux voitures, depuis le matin précédent, à la suite de la nuit terrible de Cemâa. Aux souffrances mortelles de cette nuit, sans nourriture et sans sommeil, étaient venues s'ajouter les fatigues d'un passage de rivière, difficilement opéré, de toute une journée de marche lente, lourde, aux haltes fréquentes et sans repos, dans des glaises délayées où le soldat entrait jusqu'aux genoux. Puis, au lieu où la nuit avait forcé ce triste convoi à s'arrêter, il avait fallu attendre le jour sous les armes : les boues ne permettaient ni de se coucher ni de s'asseoir. Moins que partout ailleurs il n'existait là ni un peu de bois, ni un brin de bruyère ou de chaume ; nul abri contre la colère d'un ciel d'hiver, nul moyen de préparer quelques alimens. Le courage des soldats défaillit, sous cette souffrance sans action, sans mouvement. Ils supposèrent probablement que le bivouac des autres troupes était moins mauvais; ils s'imaginèrent peut-être qu'on entrait déjà dans Constantine ; comment se résoudre à être les derniers à s'y jeter ? A la brune, et pendant la nuit, échappant à la surveillance des officiers, un très-grand nombre quittèrent leur drapeau et vinrent, *en fricoteurs*, aux positions de Mansoura. Je les y ai trouvés blottis par bandes dans les grottes. Outre ce fait, qui a été la grande plaie du 62ᵉ, ce régiment avait bien vu aussi, comme les autres corps, les hommes les plus débiles s'abattre et périr de faiblesse au milieu des rangs. Au moment de l'abandon du convoi, qui a dû avoir lieu le matin d'assez bonne heure, complication de mal et nouvelle occasion de pertes. Les soldats restés, jusqu'à ce moment, fidèles aux exigences sévères de la religion du drapeau, auraient dû peut-être avoir encore la courageuse résignation de ne pas s'approprier une petite part des ressources de toute l'armée, qui allaient être abandonnées à l'ennemi: exténués, mourans de froid, de faim, d'insomnie, ils n'eurent pas cette vertu. Parmi les provisions qu'ils se partagèrent, l'eau-de-vie fut ce qui les tenta le plus ; selon la fausse maxime du soldat, ils crurent que cette boisson leur rendrait des forces : beaucoup restèrent, sur le lieu, ivres-morts, et bientôt morts ivres.

Le convoi de l'administration, qui venait d'être ainsi perdu pour nous, formait tout l'ensemble des ressources en vivres: elles étaient faibles. Il se composait de onze voitures du train des équipages, chargées d'une réserve de pain et de vin pour les malades et blessés, de 20,000 rations de café et de

20,000 rations de sucre pour eux aussi, de biscuit, d'un fort approvisionnement d'eau-de-vie, et de 48 balles de riz.

Dè retour près de M. le maréchal, vers 9 heures du matin, l'officier, porteur de ses ordres, le trouva près du prince, au milieu d'un cercle d'officiers ; il le prévint à haute voix que ses ordres étaient transmis ; puis , prenant le maréchal à part , il lui annonça qu'il avait trouvé, en arrivant à l'arrière-garde, la totalité des prolonges d'administration déjà abandonnées, et pillées par l'ennemi. — « Et les équipages du génie? — Intacts ; ils viennent. — Quelle est donc la force du 62ᵉ ? — Moins de 300 hommes. — Où sont les autres ? — Ici : ils ont devancé isolément. — Vous êtes sûr que toutes les voitures de vivres sont perdues ?— Oui. Onze. — Ainsi il ne faut plus y compter. — Non , M. le maréchal. — C'est bien. » Durant cet entretien, la figure du maréchal n'avait pas subi la plus légère altération. Ce désastre ne fut connu d'aucun autre que dans l'après-midi. Si alors on envoya, comme le disent quelques bulletins, des mulets, sous l'escorte d'un demi-bataillon du 59ᵉ , pour quérir un convoi qui n'existait plus , ce n'a pu être, de la part du maréchal Clauzel , qu'avec la persuasion que c'était un effort stérile ; et il aura cédé, en cela, aux instances de l'intendance militaire, qui devait savoir fort bien aussi , à ce moment, que ce qu'elle proposait serait tardif et infructueux. Au surplus, le demi-bataillon du 59ᵉ n'alla pas même à moitié chemin, et, trouvant là des gens qui lui dirent que tout était fini depuis long-temps , s'en revint.

Il restait deux partis à prendre : une retraite immédiate, avant d'avoir satisfait peut-être à tout ce qu'exige la gloire des armes , et une tentative désespérée qui pouvait achever d'épuiser les troupes , ou qui les retremperait dans le succès et dans le repos pour un retour déjà, en apparence, presque impraticable , à considérer l'état d'affaiblissement corporel et d'abattement d'esprit où elles se trouvaient. Il eût été permis d'hésiter en une si grave alternative : le maréchal ne prit pas trois secondes pour se décider. Il achevait d'entendre la fâcheuse nouvelle ; ses résolutions s'étaient déjà accomplies dans sa tête et s'exprimaient par l'action : ses ordres galopèrent. Sur le temps même, l'artillerie de campagne se porta en batterie plus bas et plus près de la porte du pont, et commença à la canonner pour en ruiner les défenses, et la jeter bas. Ce feu soutenu dura toute la journée, mais avec moins de résultat qu'on aurait pu l'espérer ; on pointe médiocrement lorsque l'estomac souffre et se plaint, que les membres sont engourdis, et qu'une pluie battante, mêlée de neige et de grêlons, vous fouette les yeux. Au reste, cette porte était d'une bonne et vieille bâtisse, et les boulets de 8 ont peu de force d'ébranlement.

Toutefois, vers le soir, les défenses de Bab-el-Kantara étaient fort endommagées, et la porte paraissait s'être inclinée.

Une double distribution de viande fut faite à toutes les troupes ; elles purent la faire cuire avec quelques débris d'un douar et de petites broussailles qu'elles étaient parvenues à ramasser dans les creux des ravins.

Toute cette après midi, un corps assez nombreux de cavalerie ennemie se tint rassemblé sur les hauteurs, à l'est de la ville, au dessus du confluent de l'Oued-Mazroug et de l'Oued-Rummel, où s'élèvent les restes de l'aqueduc de Justinien (1). On prétendait qu'Achmet-Bey était avec ce gros de cavalerie : il n'entreprit rien. Le temps commençait à se calmer.

Les troupes campées à Mansoura reçurent ordre d'être

____

(1) Cette belle ruine porte le nom de El-Kouar (les arceaux).

prêtes à donner l'assaut dans la nuit. Vers dix heures , cinq compagnies d'élite des 63ᵉ et 59ᵉ régimens furent disposées secrètement dans le lit d'un ruisseau qui aboutit tout près du pont. Elles se tinrent là toute la nuit, les pieds dans le courant , silencieuses , patientes et pleines d'ardeur ; jamais je ne vis soldats mieux disposés à bien faire. Leur misère actuelle, à la porte d'une bonne ville , leur avait inspiré un degré de détermination très-calme et au-dessus de ce qui est ordinaire ; avec leur bon sens de soldat, ils se disaient à toute basse voix, l'un à l'autre : « qu'il fallait y aller hardi-« ment, sans regarder ; qu'il valait mieux se faire tuer là « et ouvrir la ville aux autres , que de crever tous ensemble « dans la boue. » Hors de telles et rares paroles qui passaient lentement dans les rangs , on n'entendait pas échanger un mot. Des sous-officiers et sapeurs du génie devaient précéder ces compagnies d'attaque et leur ouvrir la voie. Ils vinrent un peu tard, ne quittant qu'alors le convoi des voitures , après 48 heures de fatigues surhumaines. Le colonel du génie qui avait présidé à cette lutte de deux jours, sans prendre une heure de repos, était lui-même exténué. On perdit un temps assez long en je ne sais quels préparatifs ; on en per-dit ensuite à faire reconnaître un sentier qu'un Arabe avait indiqué et qu'il disait conduire à un point de l'enceinte où la surprise était facile ; mais on ne trouva point un sentier convenable à un telle entreprise. Enfin, on en revint au pre-mier projet qui avait pour but la porte même d'El-Kantara. Des sous-officiers et caporaux du génie se glissèrent sur le pont, rampèrent à plat ventre jusqu'à la porte, sans don-ner l'éveil aux sentinelles arabes, et la reconnurent. La première porte avait cédé, mais s'était appuyée en tombant sur un arceau, en arrière, qui la soutenait: elle était fracturée et livrait passage à un homme. On pénétra et on reconnut une seconde porte. La nuit avançait; l'entrée ne se trouvait pas praticable. Des sapeurs avaient été aperçus dans leurs manœuvres, et bientôt accueillis à coups de fusil. On ne crut pas avoir le temps de préparer avant le jour des moyens d'explosion; l'assaut fut remis au lendemain, au grand regret des compagnies d'attaque qui remontèrent, vers six heures, à leur bivouac, plus tristement qu'elles n'avaient attendu dans une position si pénible. Le reste des troupes avait été tenu sous les armes, une grande partie de la nuit, prêtes à suivre le mouvement.

23 novembre.

Le temps se remet au beau. L'artillerie continue à battre la porte et une maison contiguë pour faire brèche; une batterie arabe, établie à demi-hauteur de la porte à la casbah, sous quatre piliers, qui sont les restes d'un portique, dit le Shaw, répond au feu de nos pièces, sans nous causer de grands dommages.

Le 62e régiment de ligne a rallié son monde, et campe à Mansoura.

Un officier du génie, le capitaine Grand, se rend à Koudiat-Ati, avec mission de reconnaître exactement la partie de l'enceinte qui fait face à ce point, et de désigner l'endroit le plus accessible à l'assaut ou à l'escalade. Les échelles sont construites par les soins du génie et envoyées à la brigade d'avant-garde.

La compagnie franche de Bougie, composée d'hommes déterminés, reçoit l'ordre de venir de Koudiat-Ati à Mansoura, pour se présenter la première à l'assaut du pont, qui est résolu pour la nuit prochaine. Toutes les dispositions sont prises à cet égard : les troupes, commandées par le général de Rigny, ont ordre de tenter, de leur côté, une attaque secondaire, qui doit être poussée avec vigueur pour peu qu'elle tourne bien, et, en tous cas, menée de manière à occuper une partie de la garnison.

Les groupes de cavalerie ennemie qui ont tenu position, la veille, sur les collines de gauche, au dessus de l'aqueduc, ont reparu plus nombreux, et menacent, de là, notre communication entre l'avant-garde et le corps d'armée. Le Rummel, qui a continué à croître, leur est en aide dans ce but, et sépare les deux camps par une barrière naturelle qui est devenue difficile à franchir. Ces cavaliers entament quelques engagemens contre la droite des troupes campées à Koudiat-Ati. Vigoureusement reçus par nos tirailleurs d'infanterie légère d'Afrique, que n'intimident pas la rapidité de leur attaque, leur nombre tumultueux et la violence de leurs cris, ils sont chargés deux fois avec succès par les escadrons du 2ᵉ chasseurs. Bientôt les plus braves, même d'entre eux, ne combattent plus que pour enlever des morts, et, fatigués d'un désavantage constant, ils renoncent enfin à toute entreprise sur ce point. Peu après, leur attaque se reporte vers la gauche de la position de Mansoura, où quelques mulets qu'on a laissés paître au dessous du bivouac de l'administration offrent aux Arabes un appât fort à leur convenance. Là encore ils sont tenus en respect par le commandant Youssouf avec un petit nombre de spahis, au soutien desquels les bataillons du 59ᵉ ont été portés très-rapidement.

Sous les yeux du prince royal et du maréchal, la batterie d'El-Kantara continuait cependant son feu. Quoique habilement dirigé, il n'obtenait pas de grands résultats. Les progrès en étaient observés avec une vive anxiété; et ceux qui ne pouvaient pas assister à ce spectacle en demandaient à tous venans des nouvelles. Beaucoup éprouvaient, jusqu'à l'exagération, ce sentiment que chaque coup décidait une question de vie ou de mort pour toute l'armée; et, en réalité, d'un peu plus ou moins de résistance de cette solide construction opiniâtrément battue, de quelques boulets plus ou moins heureux, dépendaient le succès complet ou des revers incalculables ; le repos, des vivres, des abris, ou la faim et les fatigues d'une retraite forcée, avec une armée épuisée, à travers les chances les plus désastreuses.

Je ne sais pourquoi, au cas où l'artillerie ne réussirait pas entièrement, on se sentait peu de confiance dans les efforts du génie. Les opérations qui lui resteraient à pratiquer sont, à ce qu'il paraît, de nature trop délicate et trop compliquée, exigent des préparatifs trop lents et trop exacts, trop de précautions et de calme dans l'exécution, pour qu'on puisse compter certainement sur elles, dans les circonstances extrêmes comme celle-ci, où la faim nous mesurait les momens avec une impérieuse avarice.

Vers les deux tiers de la journée, il fallut, pour conserver une réserve de quelques coups de canon, ralentir le feu de la batterie du pont, qui n'avait produit que médiocrement d'effet ; l'entrée n'était toujours point ouverte. Le génie fit ses dispositions pour détruire ce reste d'obstacle : tout fut préparé pour l'assaut, dont les détails furent confiés au colonel Lemercier ; la conduite des troupes au général Trézel.

Une double ration de viande fut distribuée à l'armée, à défaut d'autres vivres.

Le duc de Nemours envoya complimenter la compagnie franche, dont les soldats, continuellement exercés à une guerre difficile contre les Kabaïles de Bougie, étaient désignés pour former tête de colonne dans cette périlleuse entreprise. Il leur fit dire qu'il comptait sur l'intrépidité de leur élan et sur leur tenacité, et il voulut leur faire remettre une gratification comme encouragement. Ceux-ci refusèrent cet argent avec une coquetterie de soldats, disant que son

A. R. leur permettrait de ne rien accepter avant l'affaire ;
qu'ils n'avaient pas besoin d'eau-de-vie pour s'animer ; que,
s'ils réussissaient, il serait temps dans la place, et qu'ils
recevraient alors très-volontiers ce qu'il pourrait plaire au
prince de leur envoyer, s'il était satisfait d'eux.

La nuit vint, nuit décisive ; elle était belle, mais trop
claire : la lune avait un éclat désespérant. On avait pu,
avant son lever, masser en silence les troupes et les cacher
aux abords du pont ; elle vint trop tôt encore trahir nos
mouvemens. L'ennemi, mis en défiance par la tentative de
la nuit précédente, était en éveil et faisait bonne garde. Des
officiers, sous-officiers et mineurs du génie se coulèrent sur
le pont à travers une grêle de balles : beaucoup furent ren-
versés, tués ou gravement atteints, et les attirails qu'ils portaient roulèrent avec eux, ce qui dut jeter de la confusion
dans cette difficile opération. Le reste traversa le pont,
parvint à se loger et se mit au travail avec ardeur. On dit
que le capitaine du génie Ruy, ayant eu le poignet et la
jambe fracassés, tomba dans le ravin du Rummel, d'où il
remonta seul ; ce qui paraît miraculeux.

Il n'y avait plus de surprise à ménager ; le canon tonna
vers toutes les parties de la ville. L'attaque de Koudiat-Ati
commençait aussi à se faire entendre.

L'explosion qu'on attendait n'eut pas lieu : mais un avis
parvint, au nom du colonel Lemercier, au général Trézel,
qui se tenait à la tête des premières troupes ; on le prévenait
que la porte était ouverte, et que les soldats du génie pénétraient dans la ville : M. Trézel sachant combien, en pareil
cas, les momens sont précieux ; que la moindre hésitation
peut être funeste ; qu'il faut agir dans la minute même et se
suivre de près, mit en mouvement les troupes qu'il commandait, et voulant leur communiquer tout son entraînement,

il s'avança au premier rang des plus résolus. Une fusillade terrible pétilla par toutes les ouvertures des maisons de ce quartier, dont nos assaillans n'étaient séparés que par la largeur du ravin. Le brave général Trézel se trouvait au plus fort du feu, et fut jeté bas d'une balle qui lui traversa le col ; à ce moment, le contre-avis arrivait. Les troupes reprirent poste aussitôt derrière un petit parapet et quelques autres abris ; les efforts des mineurs se renouvelèrent, mais sans plus de succès. Enfin le colonel du génie Lemercier remonta près du maréchal et du prince, qui se tenaient à découvert devant la batterie d'El-Kantara, à portée de fusil de la place. Il déclara au maréchal que les moyens dont il était possible de disposer avaient échoué, qu'il fallait renoncer à l'attaque et retirer les troupes ; ce qui fut fait. L'assaut de Koudiat-Ati n'avait pas eu un résultat plus heureux.

Ainsi s'éteignit la dernière chance de succès.

Ce mélange d'espérances et de craintes qui avait, jusqu'à ce moment, soutenu l'armée s'abîma dans une consternation profonde. Dirai-je combien l'effroi fut général et démesuré. Cette sorte de relâchement honteux dans la discipline militaire, qui accompagne ordinairement les circonstances malheureuses, pour les aggraver toujours, et dont on avait pu déjà remarquer quelques indices, allait se prononcer sans pudeur. Le respect que l'on doit à tout jamais aux oreilles du soldat ne fut plus gardé. Je ne sais quel mauvais sentiment qu'on ne reverrait point Bône se répandit et fut avoué. A l'exception du général en chef, du jeune prince, qui conservèrent toujours un calme et une dignité parfaite, et de quelques autres, dont deux étaient malades ou blessés, les plus hautes têtes de l'armée ne furent pas toutes exemptes de terreur et de dérangement dans les idées. Sans qu'on eût appelé de conseil de guerre, réclamé l'avis de qui que ce fût , chacun se crut permis d'apporter le sien. Les personnes les plus étrangères aux armes trouvaient, dans leur ignorance même de la guerre , à moins que ce ne soit dans leurs craintes plus vives , un motif de plus de se montrer prodigues de leurs opinions et de leur blâme.

Il est inutile de dire combien tous ces avis étaient contradictoires , mais on aurait peine à se figurer à quel point quelques uns étaient insensés ou lâches.

Certes la difficulté était grave. Le corps expéditionnaire , exténué de faiblesse , avait de nombreux blessés et de plus nombreux malades , peu de munitions, nuls vivres ; derrière lui, quarante lieues de retraite ; autour de lui , un pays nu et une armée ennemie qui l'enveloppait.

En cet état, je crois que les blessés eussent fait bon marché de l'artillerie, et je ne sais si l'artillerie eût estimé à bien haut prix l'ambulance. Tel eût voulu qu'on s'allégeât (on se servait de ce mot) de tout le matériel ; qu'on abandonnât tout ce qui ne pourrait pas courir, et n'avait d'espoir que dans la célérité de la retraite ; tel croyait qu'il était possible de se dérober à l'ennemi, et ne voyait de salut que dans les marches de nuit. Un officier supérieur de cavalerie , réputé par sa bravoure, ne cacha cependant pas sa pensée que ceux qui reverraient le rivage de la mer ne le devraient qu'à la bonté de leurs chevaux. Un homme haut placé dans l'armée ouvrit aussi son avis : il proposa sérieusement un expédient qu'il avait trouvé , je ne dis pas si c'est dans sa tête ou dans son cœur, et qui était de traiter avec Achmet-Bey, en lui faisant l'offre de le remettre en possession de la province et de la ville de Bône, à la condition qu'il nous permettrait le retour et l'embarquement. Tant de déraison et de faiblesse n'excitèrent pas la risée : la peur avait trouvé le droit de s'exprimer tout haut.

Ces beaux stratagêmes étaient appuyés d'instances et de supplications pour les faire prévaloir, et l'on s'indignait qu'ils ne fussent pas adoptés.

Le maréchal écoutait ces donneurs de conseils avec une patience imperturbable, ne répondait pas, et n'en fit qu'à sa tête ; en quoi il fit bien.

Pour soutenir la tâche accablante que les circonstances imposaient, il se trouvait alors avoir peu de seconds derrière lui : les généraux Colbert et Trézel, pour lesquels l'armée eût professé une profonde vénération et une grande confiance, étaient, l'un gravement malade, l'autre gravement blessé. Restait un troisième officier-général sur lequel je me tairai ; il y a des choses dont il convient mieux de ne pas parler. Dans le nombre des autres chefs, que leur grade plaçait au premier rang, il m'a paru que nul, au défaut du maréchal, n'eût osé en ce moment se flatter, et encore bien moins promettre, de mener cette retraite à bien, non pas même de sauver quelques débris de l'armée.

RETRAITE.

Chacun n'approuvera pas la manière dont je parle de ces choses. Il me semble cependant que l'intelligence bien exacte d'un événement ne peut être donnée que par l'indication de toutes les circonstances, surtout s'il en est de particulières et d'instructives. On trouvera ce récit en désaccord avec certaines proclamations louangeuses, dont la mode est générale : fâcheuse coutume qui revêt toutes les actions de guerre d'une physionomie si semblable, qu'on pourrait la tracer à l'avance. Les généraux en chef se croient dans l'obligation continuelle d'encenser le soldat ; je ne sais pourquoi, car je n'ai pas souvent vu que la flatterie rendît les gens meilleurs, et notre armée est telle, qu'il n'est pas à propos de la gâter. Je continuerai à raconter ce que j'ai vu, comme je l'ai vu, et avec le sentiment que j'en ai éprouvé : non que cette narration soit un démenti aux bulletins, ni les bulletins un démenti à cette narration ; seulement ce sont les mêmes faits considérés d'une autre place.

24 novembre.

C'était le milieu de la nuit.

Le maréchal ne se montra ni surpris, ni indécis, ni imprévoyant. Il se tourna vers le duc de Nemours : « Nous voici « arrivés, Monseigneur, lui dit-il avec le même sourire qui « eût pu convenir dans un succès, nous voici arrivés mainte- « nant à ce que la guerre présente de plus difficile. — « Qu'on dise à l'artillerie de sortir de batterie, si elle peut, « et de venir se parquer sur le plateau ; les voitures du « génie, qui sont encore en bas près de mon bivouac, doi- « vent y rester ; celles que j'ai fait monter doivent y redes- « cendre ; que l'ambulance soit prête à être évacuée ; qu'on « prévienne la brigade de Rigny de prendre ses dispositions « de retraite, de repasser le Rummel au petit jour, et de se « réunir à nous. Allez vite et revenez ; c'est ici qu'on me « trouvera. »

Il y passa le reste de la nuit, activant tout. Beaucoup de chevaux des trains étaient morts, et les soldats les avaient mangés ; ceux qui restaient étaient fort allangouris par la fatigue, la mauvaise nourriture et les mauvais temps : le nombre et la faiblesse des attelages furent calculés afin de réduire le matériel à ce qui pouvait être traîné facilement. Il ne restait qu'une centaine de coups de canon, et 130,000 cartouches d'infanterie ; ce nombre de cartouches fut encore diminué en complétant la quantité que chaque soldat devait en avoir. On fit rechercher les fusils des morts et on les fit briser. Seize caissons vides d'artillerie furent démolis et brûlés. Tous les moyens de transports, les pièces d'artillerie seules exceptées, furent consacrés aux malades; ils y furent chargés avant le jour. Aucun autre mouvement ne se fit de nuit. On laissa les troupes prendre quelque repos.

Au jour elles s'assemblèrent. L'armée commença à se former sur la route au dessous du marabout de Sidi-Mabrouck et des enclos qui le joignent. La brigade d'avant-garde, destinée à former l'arrière-garde, vint occuper la position de Mansoura et couvrir le mouvement.

L'ennemi se montrait plus nombreux qu'il ne l'avait été les jours précédens, et se resserrait sur nous à mesure qu'on évacuait un point. Des rassemblemens de cavaliers et de gens de pied, que nous n'avions pas encore vus, couronnaient les hauteurs de Sidi-Mecid, à l'ouest de Mansoura.

Une faute, si ce n'est plusieurs, avait été commise au départ de Koudiat-Ati (1) : un poste de 15 hommes fut oublié ;

----

(1) N'ayant pas assisté aux événemens qui se sont passés sur ce point d'attaque, je n'ai pas voulu m'en faire le narrateur. Je me contenterai à cet égard de reproduire ici une portion du rapport fait par le colonel Duvivier.

Nuit du 23 au 24 novembre. — Vers onze heures et demie, l'ordre fut donné au colonel d'attaquer, avec le bataillon d'Afrique, la porte située en face de Koudiat-Ati, nommée, dans le pays, Bab-el-Raibah (porte du Marché). On mit à sa disposition treize hommes du génie portant quelques pioches, quelques haches et un sac de cinquante livres de poudre, et commandés par le capitaine Grand et par deux autres officiers du génie. On lui adjoignit également une section de deux obusiers de montagne, commandés par le lieutenant d'artillerie Bertrand. A minuit moins un quart la colonne se mit en route en tournant par la gauche de Koudiat-Ati ; mais l'ennemi s'en aperçut bientôt et commença à tirer. La colonne fut arrêtée dans un fond très-près de la place, où elle était entièrement à couvert des feux de l'ennemi. Le colonel se porta de sa personne dans le faubourg pour mieux reconnaître les lieux. Il plaça la première compagnie sous un hangard à droite ; la deuxième contre la mosquée au centre : là cette compagnie se trouvait entièrement cachée, et ayant quelques sapeurs armés de pioches, elle devait chercher à s'établir solidement dans la six seulement d'entre eux se firent jour, et purent rejoindre. Ce premier triomphe sur quelques malheureux enhardit

---

mosquée. Il plaça également la troisième compagnie, à gauche derrière une espèce de contregarde en terre et en boue, où elle se trouvait défilée. Le but était d'avoir ainsi trois compagnies qui, lorsque le temps serait venu, pourraient tirailler contre la place, et qui plus tard serviraient de réserve et d'appui, en cas de malheur : puis il a mené le reste de la colonne contre la mosquée, dans un endroit où elle était à peu près sans danger.

Avant d'engager la colonne dans la rue qui menait à la porte du Marché, le colonel, sachant que vers la gauche il devait exister une autre porte nommée Bab-el-Djedid (Porte-Neuve), chercha à trouver le chemin qui pouvait y conduire; mais nulle part il ne put rencontrer d'issue pour aller vers cette gauche. Il trouva un grand bâtiment dont la porte très-large était ouverte. Le capitaine Grand, accompagné de quelques chasseurs, l'explora; mais il était sans autre issue, et il fut reconnu que c'était un fonduck (marché), probablement le marché aux huiles. Il fallut donc se résoudre à aller directement sur la porte du Marché, par la grand'rue qui y conduisait; on le fit en glissant les compagnies paires suivant le côté droit, et les compagnies impaires suivant le côté gauche. L'artillerie suivit le même chemin, et, parvenue à trente pas de la porte, dans un petit rentrant, elle chargea et tira deux coups contre celle-ci. Le lieutenant Bertrand y déploya beaucoup de courage, en chargeant presque à lui seul ses pièces; car un créneau de flanc, et tirant à très-petite distance, frappait juste dans ce rentrant, et y renversait les canonniers et les chasseurs qui s'y trouvaient. Du reste, les balles sillonnaient la rue, le canon y lançait de la mitraille, et il était presque impossible de passer d'un côté à l'autre sans être touché. Heureusement que ces côtés de la rue présentaient une suite de petites boutiques (hangars) d'une profondeur d'environ quatre pieds, qui mettaient les hommes à couvert.

Voyant que ces moyens d'artillerie, à cette distance, ne pouvaient rien produire d'efficace, le colonel se décida à porter son monde jusque contre la porte, afin d'enfoncer celle-ci avec la hache et le sac de poudre. Ce mouvement fut exécuté avec élan, et soldats et officiers vinrent jusque contre celle-ci. Le capitaine du génie Grand y était aussi; mais là, pendant dix minutes, on demanda vainement des haches et la poudre; rien ne répondit ni à la voix du colonel, ni à la voix du capitaine Grand, qui, bientôt blessé, fut obligé de se retirer. Voyant qu'avec des crosses de fusil et des baïonnettes, il était impossible d'enfoncer cette porte bardée de fer, le colonel résolut de faire retirer son monde, et en donna l'ordre. A peine ce mouvement rétrograde fut-il commencé, que des cris : Voilà des haches, se firent entendre. On se reporta de l'ennemi, qui nous entourait presque de toutes parts et qui de ce côté se montra entreprenant. Il inquiéta vivement le

---

suite vers la porte, mais ce cri était illusoire, et aucune hache ne s'y trouva. Alors il fallut définitivement se retirer. Ce mouvement, excessivement dangereux, et dans lequel les hommes n'étaient plus animés par l'espoir de vaincre, se fit avec bien peu de désordre; les pièces furent ramenées par le lieutenant Bertrand et un de ses canonniers; des caisses de munitions furent rapportées sur les épaules, par des chasseurs, car les mules avaient été tuées. La majeure partie des blessés furent également rapportés, et dès que les compagnies parvinrent à la hauteur de la mosquée et de la contregarde, elles y furent arrêtées et défilées.

Toutes ces compagnies furent alors reportées et reformées en colonne dans le premier fond qui leur avait déjà servi d'abri. Le colonel fit donner aux compagnies du hangar, de la mosquée (dans laquelle on n'avait pu pénétrer) et de la contregarde, l'ordre d'envoyer en arrière des hommes ramasser les blessés. Cela fut exécuté autant que possible. Enfin, lorsque l'on crut s'apercevoir que tout ce qu'il était possible de faire était fait, on ramena le bataillon lentement et en bon ordre. On rentra au camp à trois heures et demie du matin.

Pendant toute cette attaque, on ne fut appuyé par aucun coup de fusil ni aucun coup de canon du camp de Koudiat-Ati: ce qui fut une circonstance malheureuse, car une diversion sur le feu de la batterie et des créneaux eût pu nous éviter des pertes.

Le colonel attribue la non réussite :

1º Au manque de moyens mécaniques indispensables pour briser la porte.

2º Au peu de temps qu'on lui a laissé pour se concerter avec le génie et l'artillerie; il eût organisé une garde spéciale pour la poudre et pour les haches; il eût donné des hommes pour traîner les pièces et pour porter les munitions, afin d'éviter d'y amener des mules, souvent rétives et toujours embarrassantes. Il vit le moment où on allait le forcer à partir sans le génie.

3º A l'ordre que le général avait donné au 2e léger de se tenir prêt à faire lui-même cette attaque ; sans cet ordre il eût, dans toute la journée du 23, cherché à reconnaître où pouvait être cette porte de gauche, que des renseignemens particuliers lui indiquaient. Mais, occupé d'autres choses, il ne pensa plus aux moyens de faire réussir une attaque de l'honneur de laquelle on avait privé son bataillon.

24 novembre. — A cinq heures du matin, le bataillon fut prévenu de faire ses dispositions pour partir de suite après l'évacuation des blessés ; il se forma de suite en colonne et se porta près de l'ambulance. Il fournit un grand

bataillon d'Afrique qui marchait en dernière ligne sous le commandement du colonel Duvivier, homme d'une extrême bravoure et d'un grand talent militaire, mais atteint de deux blessures et excédé par la fatigue. Cette troupe n'arriva pas à Mansoura avec tout l'ordre désirable ; elle y trouva les tentes et les bagages du bey Youssouf, qui n'avaient pû être enlevées, faute de moyens de transports. Cela lui parut de bonne prise. Un domestique de Youssouf se tenait encore auprès des effets de son maître, avec une opiniâtre et inutile

---

nombre d'hommes pour ce transport, et envoya un officier pour surveiller cette évacuation et le prévenir du moment où elle serait achevée.

Le soleil était déjà levé ; l'on enlevait encore des blessés de l'ambulance, lorsqu'un officier, envoyé par le commandant Changarnier, du 2e léger, au colonel, lui demanda pourquoi il différait tant à partir, et lui apprit que depuis long-temps le 17e léger, la cavalerie et le général étaient partis, ce qu'il ignorait entièrement. Il sentit de suite combien sa position devenait périlleuse ; il allait voir derrière lui toutes les troupes sortant de Constantine ; il apercevait déjà devant lui une très-nombreuse cavalerie dans l'angle des deux rivières ; et il fallait passer soit ces deux cours d'eau, soit leur réunion au dessous de leur confluent, dans des terrains difficiles et vis-à-vis de forces considérables. Il fit charger sept ou huit blessés qui restaient encore, et avec son bataillon, qui n'avait pas dormi de la nuit, et qui se trouvait affaibli tant par ses pertes récentes que par le grand nombre d'hommes qu'il avait fournis pour porter les blessés, il se mit en marche. Il fut suivi par la section d'artillerie de montagne, qui devenait une responsabilité de plus, et par les deux cents hommes du 2e léger.

Heureusement le mouvement s'exécuta sans circonstances défavorables. On passa le Rummel à un gué au dessus du confluent, et qu'un seul homme nous indiqua. Toutes les précautions nécessaires, après le passage de la première compagnie, furent prises pour assurer le passage du reste de la colonne, et notamment de l'artillerie, pendant que les blessés passaient à un gué au dessous. Le 2e léger exécuta bien son mouvement d'arrière-garde, et sans avoir trouvé aucun corps pour nous soutenir, on parvint, sans grande perte, au plateau de Sidi-Mabrouk, sur lequel se concentraient les troupes de M. le maréchal..... etc., etc.

(Extrait du rapport du colonel DUVIVIER.)

fidélité ; il voulut les faire respecter ; les soldats le tuèrent et pillèrent ce qu'ils purent. Un plus grand désordre s'ensuivit, dont l'ennemi s'aperçut et profita rapidement. Le bataillon d'Afrique, mal réuni, et peut-être un peu entraîné par cet instinct du soldat, qui, lorsqu'il s'est embarrassé de quelque butin, est plus désireux de le mettre à l'abri qu'en humeur de combattre, se replia trop promptement jusqu'au marabout de Sidi-Nabrouk. Deux pièces de montagne de l'artillerie du bey Youssouf, et les deux dernières voitures de blessés, tombèrent au pouvoir de l'ennemi, à l'instant où les attelages de renfort que j'ai vus arrivaient pour les emmener. Ces malheureux blessés furent, en quelques secondes, massacrés sur les voitures mêmes, et l'ennemi s'en disputa les lambeaux devant nos yeux.

Le bataillon d'Afrique se reforma promptement à l'extrémité du plateau, près du Marabout, dans une bonne position, et y tint tête jusqu'au moment où il fut rappelé pour prendre rang dans la colonne.

Le maréchal, cependant, n'avait pas encore permis à l'armée de faire un pas, malgré la tendance assez prononcée à se mettre en mouvement, qui s'y laissait reconnaître. Il faisait établir, avec quelque peine, l'ordre dans lequel il voulait qu'elle marchât. Elle fut disposée en deux colonnes, séparées par un intervalle de cent pas, qui laissait la route au milieu ; toutes deux par pelotons, à distances entières, prêtes à se former l'une à gauche en bataille, l'autre par inversion à droite en bataille. Le bataillon du 2ᵉ léger, en colonne par divisions à demi-distances, et soutenu par des escadrons de chasseurs, formait l'arrière-garde ; il devait, s'il était nécessaire, fermer, en se déployant, l'intervalle entre les colonnes, où vint s'encadrer, dans l'ordre suivant, le nombreux convoi qu'il fallait protéger : l'ambulance avec tout son douloureux cortége, ses cacolets, nombre de chevaux, de mulets, et toutes les voitures de l'artillerie et du génie chargés de blessés et de malades; les malades, les éclopés, les hommes faibles, mais qui pouvaient encore marcher; dans ce nombre ceux qui n'étaient blessés qu'au bras ou à la tête. A cette confusion de souffrances se mêlaient quelques traînards ayant jeté ou perdu leurs armes, gens qui depuis quatre jours ne savaient plus à quel corps ils appartenaient; des poltrons bien portans se glissaient aussi dans ce troupeau, cherchant la place où ils se croiraient le plus en sûreté, et ne la trouvant pas, parce que leur imagination les accompagnait. Venaient ensuite, avec plus d'ordre, le trésor, l'artillerie de réserve, les bagages, les cantiniers et gens à la suite, quatre pièces et obusiers de campagne, une réserve de cavalerie.

L'artillerie de montagne fut répartie dans les colonnes. Les troupes de Youssouf, jetées en avant, éclairaient la marche.

Est-il nécessaire de dire que tout cet ensemble, qu'il avait été malaisé de classer, paraissait frappé d'intimidation? Faut-il avouer ce que je voudrais ignorer et taire ? Ce que je sais malheureusement, et tant d'autres avec moi, c'est que le nombre des trembleurs était grand ce matin-là, si grand, que je n'essaie pas de parler de tous.

Je ne cherche pas les contrastes, mais qu'il me soit permis de me satisfaire ici en disant que, dans ce blâme, je sais qui j'atteins, et que je me garde bien d'y confondre, je serais désolé qu'on s'y méprît, le respectable duc de Caraman, ni le duc de Mortémart et son gendre, qui n'ont mérité que des félicitations et des remerciemens. Le duc de Caraman, auquel les soldats malades ont dû tant de secours, tant de soins dévoués et modestes, commença la 76ᵉ année de

son âge au milieu de cette large scène de désastre et de ter-
reurs, sans que la dignité de son courage, la grace de ses
manières, le calme de son esprit, le charme vénérable de
son visage et de ses paroles, en aient été un seul instant trou-
blés. Leçon à tous.

Je reviens à l'armée : oui, elle était vacillante, et son des-
tin pendait à un cheveu. Corps de troupes et individus, nul
ne comptait bien sur son voisin, et peu avaient un maintien
qui permît de compter fermement sur eux. Chacun était saisi
d'une préoccupation singulière à regarder ce que faisaient
les autres, examen fâcheux, indice habituel qu'on n'est pas
bien résolu sur ce qu'on veut faire soi-même. Il était besoin
de déployer des tirailleurs et des flanqueurs, pour couvrir
les faces de la colonne. Cette disposition, dont le but est de
tenir l'ennemi à une distance suffisante pour que ses balles
n'arrivent pas franchement au milieu d'une masse compacte,
est de l'exécution la plus simple et de l'application la plus
journalière. Eh bien ! elle ne fut obtenue que très-difficile-
ment. On eut une peine extrême à porter ces flanqueurs à
cent pas en dehors de la colonne et à leur faire prendre entre eux un intervalle de huit ou dix pas. Il fallait les placer
presque homme par homme, et ils ne restaient pas où on les
plaçait. Ils se resserraient incessamment jusqu'à se rejoindre, par une timidité qui les exposait davantage au feu de
l'ennemi ; et se rejetaient sans cesse en arrière sur le flanc
de la colonne, à son grand danger. Ils la devaient protéger,
et ils y cherchaient un refuge. Ce fut, entre autres et plus que
tout autre, le colonel Boyer, aide-de-camp du duc de Nemours, mis par son altesse royale à la disposition du maréchal, qui parvint à vaincre cette difficulté renaissante : il
prodigua pour cela une activité admirable, ne cessant de
parcourir rapidement la ligne des tirailleurs, toujours pré-

sent où elle paraissait le plus timide, où elle était disposée à fléchir, les reportant en avant, les remplaçant un à un, et faisant la leçon aux officiers même. Qu'il reçoive ici un éloge bien mérité.

Lorsque ces soins, en apparence petits et vulgaires, mais d'une importance majeure, eurent été pris, sur l'ordre du maréchal, l'armée s'ébranla d'un seul mouvement, et se mit en marche avec une excessive lenteur.

Les cris d'une joie féroce retentirent de toutes parts autour de nous; ces sauvages clameurs, dont la violence était inimaginable, exprimaient l'espoir, portaient la menace et le signal de l'attaque. L'ennemi pensait, en nous voyant nous mouvoir, que nous allions peut-être nous désunir, et qu'il trouverait où pénétrer.

Certes, je ne me serais pas permis d'avouer alors à mon meilleur ami une opinion que je puis déclarer maintenant : je n'éprouve nul doute qu'à ce moment-là, si les essaims d'Arabes qui bourdonnaient avec rage autour de nous eussent fait preuve d'une véritable intrépidité, s'ils eussent osé mordre déterminément dans nos lignes incertaines de tirailleurs, si l'armée eût été entamée par un seul point, elle se débandait, et je ne sais pas quel est le coursier qui eût pu sauver la vie à son cavalier.

La plus petite mésaventure pouvait nous détruire : un acte isolé, que je ne prétends pas qualifier de trait d'héroïsme, mais qui avait quelque mérite, nous fut très-salutaire.

Comme je l'ai dit, le bataillon du 2ᵉ léger fermait la colonne à l'arrière-garde; après avoir suivi sa marche pendant quelques pas, il fit ferme et laissa augmenter un peu la distance qui le séparait d'elle. Ce bataillon avait pour chef le commandant Changarnier qui, le sachant solide et bien dans

sa main, crut pouvoir se permettre cette témérité. Le maréchal la remarqua et lui envoya aussitôt l'ordre de rejoindre
et de ne plus garder tant d'intervalle. Cependant l'ennemi
avait vu ce bataillon s'isoler ; il le jugea imprudent ou retenu par quelques embarras, et se rua sur lui par masses con-
fuses et impétueuses. Changarnier venait de faire rentrer ses
tirailleurs trop inquiétés , former le carré et apprêter les
armes. L'officier d'ordonnance arriva. — « Commandant ,
le maréchal trouve que vous prenez trop de distance, et vous
envoie l'ordre de serrer. » — « Je vais le faire , dit-il, dans
un instant. A mon commandement : Vive le Roi! » Le bataillon répondit par un cri unanime et retentissant de vive
le Roi. Les Arabes sont accoutumés à nous trouver silen-
cieux ; ils ne surent que penser de cette acclamation subite
et puissante, au moment où ils chargeaient avec le plus d'im-
pétuosité. Ils s'arrêtèrent court à vingt pas. Lors, Changarnier voyant qu'ils n'avanceraient pas davantage : Commen-
cez le feu ! et le feu de deux rangs le plus tranquille et le
mieux nourri couvrit d'hommes et de chevaux trois des faces
du carré ; ce qui ne tomba pas disparut comme la nuée.
Après quoi le bataillon fut reformé en colonnes et rejoignit.

On peut reconnaître qu'il y avait là une petite faute , car
il n'est jamais permis de jouer avec sa mission , même pour
se ménager une occasion brillante; mais le commandant
Changarnier s'en était tiré si galamment , et l'effet que cela
produisit fut tellement marqué et tellement favorable, qu'on
ne peut pas se montrer sévère avec lui.

Cependant, quand il commit ce coup de tête, car c'en
était un, il y avait quelque probabilité, il y avait certainement une chance sur dix que les Arabes , dirigés avec plus
d'intelligence , entreraient par la porte qu'il leur ouvrait,
qu'ils pénètreraient au milieu de cette masse inerte que

nous renfermions, comme un tiroir plein où tout était confus ; si l'épouvante et la dispersion s'y mettaient, elles entraînaient le désordre de toute l'armée, qui eût péri par le fait d'un chef de bataillon.

Si Changarnier n'avait eu pour toute qualité que la sagesse de ceux qui attendent le résultat pour juger, il n'eût pas fait ce qu'il a fait : il n'eût pas rendu un imminent service. Non seulement les Arabes prirent ceci pour un avertissement dont il fallait se souvenir, et ne s'avisèrent plus jamais de nous serrer d'aussi près ; mais le moral de toute l'armée en fut changé d'une manière subite et bien remarquable. A la guerre il est une chose qui enorgueillit et qui émeut toujours : c'est de voir à ses côtés un acte entrepris à propos et bravement accompli. Toutes les troupes éprouvèrent ce sentiment ; elles en relevèrent la tête : le cœur remonta au ventre de beaucoup chez qui il descendait déjà vers les talons ; le sourire revint sur les lèvres pâlies de nos soldats, et les jurons dans leur bouche. On put entrevoir à ce moment que l'armée serait sauvée.

Elle continua de marcher bien lentement : elle devait régler son allure sur le pas des plus faibles ; l'immense et gémissant convoi, également incommode et sacré, qu'elle enfermait dans ses entrailles, lui imposait mille retards ; le moindre accident qui y survenait exigeait une halte générale; sans accident même il en fallait accorder à tout moment : car, à si petits pas qu'on avançât, à peine avait-on fait un peu de chemin que cet être aux mille souffrances s'alongeait démesurément : obligation de s'arrêter aussitôt, sous peine de désordre irréparable et de désastre. On le faisait : que devenait cette queue traînante ? Vous supposez, vous qui vous portez bien, qui avez mangé ce matin, et qui n'êtes pas découragé, que chaque homme en retard va profiter de ces cinq minutes pour regagner le terrain que son affaiblissement ou peut-être son manque de nerf lui a fait perdre : non pas. Dès que la voiture du maréchal, qui marchait la première, occupée par deux généraux très-souffrans et par un mourant, cessait de se mouvoir, tout s'arrêtait, tous s'asseyaient ou se laissaient choir à la place où ils étaient. Croyez-vous que c'est un avis, une fois donné, un ordre général qui pouvait y remédier? C'est chaque homme qu'il fallait faire lever ; c'est chaque homme qu'il fallait chaque fois exciter, prier, encourager, presser, pousser, quelquefois contraindre à marcher ; et la tête de colonne ne pouvait se remettre en mouvement que quand la queue avait serré sur elle. Tout était obstacle et difficultés. Le moindre mauvais pas, la plus petite montée, la plus petite descente, exigeaient que l'ensemble attendît jusqu'à ce que tout eût franchi successivement. Nos mauvaises voitures étaient peut-être ce que nous avions alors de plus maniable et de plus obéissant. Savez-vous les façons que fait un pauvre malade pour mettre les pieds dans le moindre gué ; comme il y cherche une pierre, comme il voudrait que l'endroit le plus étroit fût le moins profond ; combien de temps il le regarde du bord avec douleur, avant de se déterminer à entrer dans l'eau ? Savez-vous quels embarras peut causer un mulet rétif qui ne veut pas passer, une charge qui tourne, qui tombe, et combien de fois cela se reproduit? Cette charge qui est tombée, c'était un homme qui se meurt et qu'il faut abandonner là, sur la route, en agonie ; ses camarades ne se décident à s'en séparer, à le liver à un sort certain et affreux qu'avec répugnance, avec lenteur, et après de vains efforts pour le mener un peu plus loin. La route s'était déjà améliorée, mais la boue était encore grasse, tenace et glissante : on crut ne pouvoir arracher le caisson du trésor d'une mau-

dite ornière où il était engagé ; on l'en tira à force de bras et
de travail. Il fallait combattre cependant et de divers côtés ;
une poursuite opiniâtre, active, acharnée, nous enveloppait; la tiraillade était incessante sur toutes les faces ; une multitude d'ennemis, les plus mobiles qu'il y ait, portaient leurs
principaux efforts tantôt ici et tantôt là : aux points les plus
menacés il était nécessaire de faire vite choix d'un terrain,
d'y mettre une pièce en batterie, et de disperser les plus
hardis et les plus serrés par un coup ou deux. Chaque mouvement de terrain exigeait quelques dispositions. Une position en arrière ou sur les flancs ne pouvait être quittée sans
qu'une autre eût été prise qui protégeât l'abandon de celle-
ci. Le maréchal, dénué d'intermédiaires (hors un dont je
désire ne pas parler), entre les mains desquels il pût laisser
avec confiance ses ordres se ramifier, devait pourvoir presque directement à tout ; il était obligé de descendre souvent
jusqu'à de petits détails d'exécution ; quelquefois, le croi-
ra-t-on ? jusqu'au placement d'une compagnie, d'un peleton!
car les têtes, en les supposant intelligentes, n'étaient pas
toutes restées saines. Il y a tel officier supérieur auquel un
ordre très-simple a été porté trois fois et bien expliqué, qui
n'a pu le comprendre ni su l'exécuter.

On mit quatre heures à faire la première lieue de poste,
près de trois à faire la seconde, et plus d'une heure et demie
pour faire la troisième lieue, n'étant plus poursuivis. Je
laisse à penser si ceux auxquels un égoïsme peureux inspirait
la hâte souffraient de cette pesanteur et la blâmaient amère-
ment, incapables de concevoir ce qui pouvait faire leur salut, et ce qui aurait causé leur perte. J'ai entendu des ré-
clamations pressantes et nombreuses, des remontrances et
des plaintes imprudentes de ce qu'on ne faisait que trois lieues

en un jour. Mais le maréchal tint bon , et on campa à trois petites lieues de Constantine. Était-ce là une fuite?

Je me laisse entraîner à dire ce que j'avais l'intention de mentionner plus tard. Nous passâmes, avant le premier tiers du chemin, près de l'emplacement de ce camp des boues de fatale et humiliante mémoire. Nous retrouvâmes au long de la route nos prolonges entièrement pillées : il ne restait autour que des cadavres à côté de barils d'eau-de-vie, dont quelques uns étaient encore pleins. Un enseignement assez sévère était donné par les cadavres pourrissant auprès des objets de la tentation ; cet exemple terrible ne se trouva pas avoir autant de pouvoir que la tentation. Il fallut la force pour empêcher des malades , des mourans, des fous, de se jeter sur la funeste liqueur; il fallut la défendre contre la démence des soldats; il fallut faire défoncer les tonneaux et les faire verser dans la boue , et quelques uns se baissaient dans la boue pour la boire. D'autres soldats plus sages recueillirent, non pas des fragments , mais un peu de poussière de biscuit, ou quelques grains de riz qui avaient été semés durant le pillage.

Ce fut à peu de distance de ce lieu que, pour procurer encore un peu de soulagement au peuple grossissant des traînards, on prit tous les chevaux de bât ou de main qui purent se trouver dans la cavalerie de Youssouf. Le 3e régiment de chasseurs, qui se voyait privé de fournir aucune charge dans des terres fortes et labourées, avec des chevaux épuisés et manquant de nourriture , fit offre de mettre pied à terre en faveur des frères d'armes souffrans; le maréchal accepta cette offre pour deux escadrons. Ces braves cavaliers se démontèrent de bon cœur, et formèrent une petite troupe d'infanterie prête à faire le coup de fusil. La garde de l'ambulance, dont ils venaient d'adoucir les misères, leur fut confiée. On désira obtenir un sacrifice semblable des spahis réguliers et irréguliers, mais cela se trouva difficile : il fallut que Youssouf leur donnât l'exemple, en cédant son meilleur cheval, et encore fut-ce avec peu de résultat.

D'une colline sur la droite, où nous distinguions des groupes assez nombreux et des drapeaux déployés, deux coups de canon nous furent tirés, mais à une beaucoup trop grande distance : bruit et fumée, rien de plus. On nous dit qu'Achmet-Bey était là, et on prétendit entendre sa musique.

La poursuite des Arabes se calma dans l'après-midi ; on passa l'Oued-el-Adjera, dont le cours avait tellement diminué qu'il était méconnaissable ; on traversa la petite plaine au delà, et l'on vint camper au commencement de la montée de Summa, à droite de la route, au dessus d'un faible ruisseau, près d'un grand douar. Il était abondamment pourvu de paille ; des silos nombreux étaient pleins d'orge et de blé ; on y trouva un peu de broussailles, des instrumens aratoires, des bois de cabanes ou de tentes, des métiers démontés ; tout cela fit du feu ; on mit bouillir du blé, et l'armée vécut.

Le temps était beau, le soleil avait eu de la chaleur ; au soir, la sérénité du ciel promettait, pour le lendemain, une journée et des routes meilleures. Quelle différence décisive, si ce sourire du climat eût voulu nous favoriser quelques jours plus tôt !

Ce fut dans ce bivouac qu'expira le commandant Richepance, blessé de cinq coups de feu l'avant-veille. Il avait été porté à bras depuis Koudiat-Ati. C'était un homme fort différent de bien d'autres : il poussait la bravoure jusqu'à la témérité.

25 novembre.

Les cris des Arabes, qui s'appelaient, nous éveillèrent; quand le jour parut, ils avaient pris postes en demi-cercle autour de nous, plus nombreux encore que la veille; mais ils n'avaient pas osé occuper la hauteur de Summa, ni chercher à la défendre, comme ils auraient dû le tenter. L'armée ne se mit en mouvement qu'après le soleil levé, et avec ordre. Rien ne fut changé dans sa disposition. Elle s'éleva sur la colline de Summa, d'où nous pûmes, en tournant la tête, jeter un triste et dernier regard de regret et d'adieu vers Constantine qui allait disparaître, puis nous baissâmes le front pour traverser ce lieu, en méditant sur le résultat des terribles souffrances qui avaient commencé là à nous déclarer la guerre. La poursuite de l'ennemi fut la même que la veille; il nous harcela avec une infatigable mobilité; mais sans audace véritable. Les mêmes précautions furent prises et eurent un pareil succès. L'armée continua de s'avancer, conservant dans son allure les ménagemens que nécessitaient toutes les douleurs et toutes les impuissances dont elle était devenue l'escorte. Mais les routes étaient néanmoins mauvaises; les troupes avaient reposé, mangé, dormi; les malades avaient eu du bouillon; les chevaux s'étaient repus; enfin le courage renaissait à tous; il fut donc possible de marcher d'un pas plus suivi.

Nous approchâmes du défilé de Nérès : le maréchal redoutait ce passage; dès qu'il fut possible, il y jeta rapidement quelque cavalerie, avant que l'ennemi l'eût occupé en grand nombre. Il s'y porta presque aussitôt, et fit prendre position aux premières troupes arrivantes, pour couvrir le défilé sur la droite : une ligne de tirailleurs à mi-côte le défendit suffi-

samment contre la montagne rocailleuse et ardue qui est à
gauche, et d'où il n'était guère possible que de faire pleuvoir
sur nous des pierres. Notre ambulance, qui était tout un
corps d'armée, commença ensuite à franchir le défilé et déboucha de l'autre côté, à peu près dégarni par l'emploi
qui venait d'être fait des troupes marchant à sa hauteur. A
ce moment l'ennemi ayant tourné, avec une vitesse étonnante, les collines par la droite, démasqua tout à coup et
se jeta impétueusement contre cette avant-garde impotente,
que jusqu'alors il avait toujours laissée très-paisible. Le coup
d'œil assuré de M. le maréchal entrevit à temps cette manœuvre dangereuse, cette rapide et intelligente attaque. Il
y opposa à l'instant ce qui se rencontra d'abord sous sa
main : les Turcs à pied ; puis le 63ᵉ, dès qu'il l'eut ; puis
d'autres troupes qu'il tira pour cela d'un chemin creux où
elles étaient allées s'engouffrer ; puis enfin tout ce qui lui
vint successivement, et il tint là tant qu'il fallut, faisant filer
derrière cette défense le lent et douloureux convoi, qu'il envoya se masser près de là dans un petit fond. Il retira ensuite ses troupes en les faisant s'échelonner. Malheureusement il n'y a au delà de Mérès aucune autre bonne position
d'où l'on puisse commander celle-ci quand on l'évacue. A
l'instant où notre arrière-garde dut la quitter, l'ennemi s'y
porta rapidement, et de cette hauteur nous envoya bientôt
trois boulets qui tombèrent au centre des colonnes, près du
prince et du maréchal, sans nous coûter un homme. Quelques autres coups furent encore tirés un peu après, mais la
distance était déjà trop grande ; nous n'en vîmes que la
fumée, nous n'en entendîmes que le bruit mêlé aux sons
baroques de la musique d'Achmet : ce bey paraissait se réjouir beaucoup.

Nous aurions pu trouver, à ce moment, qu'il y avait aussi

lieu à nous réjouir un peu, et lui répondre par la musique de l'autre bey de Constantine; mais depuis plusieurs jours elle était honteuse et se taisait.

Quand la colonne fut reformée et mise en marche, « encore un mauvais petit pas heureusement traversé, » dit avec satisfaction le maréchal, auquel on a reproché son impassibilité. Oui certes, sous le fardeau qu'il soutenait, il se montrait calme, non pas que sa figure annonçât le contentement parfait (ceux qui connaissent ses traits ne le penseront pas), mais il avait la force d'ame de ne pas laisser percer l'inquiétude, et j'ai vu plus d'un soldat énervé, succombant, que son sourire et sa parole ont relevé, ranimé, fait marcher; plus d'un officier à qui l'expression de son visage a fait reprendre plus de confiance et plus de calme d'esprit, quand on n'en pouvait trop avoir, quand il était difficile et méritoire d'en avoir assez. Cette accusation est odieuse. Eh! pourquoi eût-il été défendu au maréchal d'éprouver quelque contentement à chaque péril surmonté, à chaque difficulté vaincue? Ne pouvait-il avoir le sentiment qu'il sauvait alors du massacre 2,000 malades et blessés, et peut-être bien une armée entière qui s'était crue condamnée à mort? Au surplus, si les figures abattues, les physionomies larmoyantes sont de quelque secours en guerre, nous n'en manquions pas, par compensation.

Si je voulais, je pousserais plus loin ce contraste, car j'ai pu juger avec quelle tristesse muette, avec quelle affliction profonde et volontairement voilée, le maréchal apprenait la mort d'un officier, l'abandon d'un blessé; et les pleurards qui, comme Panurge dans la tempête, avaient recours à la bonté divine et appelaient tous les saints à leur aide, excepté sainte bravoure, sont précisément ceux qui avaient demandé qu'on s'allégeât de tous les blessés et de tout le matériel, et qu'on ne cherchât de salut que dans la vitesse de la marche! Mais en voilà assez et trop : il ne faut accorder aux gens que le nombre de paroles dont ils sont dignes.

Le terrain devenait meilleur, plus uni et plus ouvert. L'armée fit une halte de demi-heure pour laisser les hommes se reposer et les chevaux se repaître au grand douar au pied de la montagne de Feg-Mazetas ; il était abandonné comme tous les autres. Elle suivit ensuite, sans remonter à gauche près de Chaba-Roumia, la vallée jusqu'à son origine, et rejoignit, là seulement, la route qu'elle avait tenue en venant. La poursuite des Arabes s'était ralentie depuis le défilé de Mérès ; à deux heures, elle cessa tout-à-fait. Si quelques uns suivirent encore, ce ne fut, tout au plus, qu'en observateurs. L'armée cheminant bien, on profita de ce relâche pour gagner tout doucement le plus de chemin possible ; peut-être même fit-on l'étape un peu trop longue, et le jour était sur son déclin, quand la tête de la colonne approcha du bivouac. On avait trouvé précédemment un village sans eau, plus loin de l'eau sans village, or le maréchal tenait à rencontrer l'un et l'autre dans la même localité, car il fallait, cette nuit comme la précédente, comme la suivante, que le bivouac prît soin de nourrir l'armée. Le jour tirait donc sur sa fin, et l'on arrivait près de Oued-Talaga. Le colonel Boyer, envoyé pour reconnaître ce lieu, était de retour et venait de rendre compte au maréchal ; celui-ci prenait les devans pour aller déterminer l'emplacement même du camp, lorsqu'il fut rejoint par un officier d'ordonnance, accourant à toute vitesse de galop, qui lui transmit un avis. Le maréchal rebroussa chemin à l'instant, en mettant son cheval au petit trot, ce que nous ne lui avions pas encore vu faire de toute la campagne.

En cette occasion, comme en toute autre, le jeune fils de
notre roi honora le général en chef de sa fidèle présence à
ses côtés. Tous deux retrouvèrent à une petite distance la
tête du convoi, qu'on fit masser en hâte ; il fut entouré par
les compagnies du génie, par les cavaliers à pied et par le
2ᵉ léger, en carré, et le tout présenta une assez bonne con-
tenance. Un peu plus loin fut rencontré le commandant de
l'arrière-garde venant lui-même, loin de son poste, exprimer
l'effroi qu'il éprouvait. Il accourait, de sa personne, dire
que sa cavalerie était dispersée, l'arrière-garde, à lui confiée, dans le plus grand désordre ; qu'on y coupait des têtes
par centaines ; que tout était perdu. Le maréchal ne daigna
pas répondre, et partit au galop.

La brume commençait à se faire sombre ; il atteignit bientôt des troupes qui venaient lentement, en assez bon ordre.
Le premier corps qui parut était le 63ᵉ régiment : il s'arrêta
immédiatement, et lui donna l'ordre de se former face en arrière en bataille, ce qui s'exécuta comme à la manœuvre. Le
second fut le 59ᵉ régiment. Le maréchal lui laissa parcourir
encore une distance égale à sa profondeur, en le dirigeant
un peu sur la droite, jusqu'à un petit ressaut de terrain qui
se trouvait très-favorablement dessiné, et le fit former face à
droite. Ces dispositions, affaire d'un instant, établissaient
déjà deux des faces d'un carré destiné à recevoir les débris de
l'arrière-garde. Au lieu des fuyards que nous attendions, ce
fut le 17ᵉ régiment d'infanterie légère qui arriva, très-tran-
quillement et en fort bon état aussi ; puis les bataillons d'A-
frique et la compagnie franche, un peu fatigués peut-être,
mais passablement calmes et bien rangés. Ce que je vis en
tout cela de plus remarquable, c'est que beaucoup de soldats avaient ramassé de petits fagots de chardons pour faire
un peu de feu la nuit, les pauvres gens ! et qu'ils les portaient

les uns sur l'épaule, les autres sous le bras ; d'autres au bout
du fusil, ce qui était plus répréhensible ; du reste, tous les je-
tèrent avec une entière obéissance quand on leur dit qu'il serait peut-être bon tout à l'heure d'avoir les mains libres. Enfin le reste de l'arrière-garde suivait, non moins paisiblement,
l'artillerie de montagne, les escadrons, les derniers tirailleurs, tout. D'Arabes, pas un ; pas un coup de fusil n'avait été
tiré, pas un ne le fut. On renonça donc bientôt aux dispositions
de combat qui venaient d'être prises rapidement ; les corps
furent remis en marche, ainsi que le convoi, qui s'était tenu
immobile où nous l'avions laissé. Il ne résulta de tout ceci que
deux malheurs : l'un, qu'on parvint au bivouac à la nuit
noire ; l'autre, que nombre de soldats furent privés du petit
faisceau de chardons qu'ils avaient récoltés si soigneuse-
ment.

Le village d'Oued-Talaga était si abondamment pourvu de
paille, que les troupes s'en firent des lits épais ; elles y trouvèrent suffisamment de bois ouvragé, et en usèrent en prodigues : perte bien difficilement réparable sans doute pour les
habitants, mais secours bien précieux pour nos malheureux
soldats. L'ambulance eut de grands feux. De nombreux silos
existaient, sur le lieu même, pleins d'orge, de blés et de fèves ; la troupe, fatiguée de sa longue marche, car elle avait fait
environ 7 lieues, se chauffa, mangea, puis dormit tranquil-
lement, sous la protection de ses postes qui avaient été habilement placés, quoique cette précaution militaire soit très-
difficile à bien prendre quand la nuit est fermée. L'ordre de
départ fut donné pour le lendemain à sept heures.

Ce fut à ce bivouac et durant cette nuit que nous perdîmes
le jeune et brave capitaine Grand, du génie, officier bien re-
grettable, atteint de deux coups de feu à l'assaut de Koudiat-
Ati. Je l'avais vu rapporter, le 24 au matin, sur l'épaule
d'un officier de ses amis, aidé de trois soldats du bataillon

d'Afrique , les soldats du corps même auquel il appartenait n'ayant pu remplir ce devoir.

26 novembre.

L'administration qui avait éprouvé la veille (et c'est pour cela qu'on était parti tard) combien il fallait de temps et de peines pour réunir tous les nombreux malades et blessés, et les charger sur les prolonges et sur les chevaux et mulets, aurait dû, ce jour-là, s'y prendre d'assez bonne heure pour ne mettre ni hâte, ni négligence à s'acquitter de cet office presque religieux. Cependant , soit imprévoyance, soit paresse, elle ne commença cette opération qu'au moment où les troupes étaient déjà sous les armes, et se formaient près de là pour le départ. Si du moins elle eût pris tout le temps nécessaire, on ne l'aurait pas pressée ; si elle eût fait prévenir du retard où elle se trouvait, le maréchal, qui reconnaissait alors le terrain sur lequel il allait avoir à manœuvrer au sortir du village, il eût donné l'ordre d'attendre autant que besoin eût été. Au lieu de cela , elle se laissa aller à de la précipitation : avant de s'être livrée à des recherches assez soigneuses, assez complètes, elle mit les prolonges en mouvement, se retira elle-même ; l'arrière-garde suivit. C'étaient, je crois, le 17ᵉ léger et le bataillon d'Afrique, et quand le tout fut massé avec le reste de l'armée, celle-ci commença son mouvement. Nous avions vu, la veille et l'avant-veille, aussitôt notre départ, des flots d'Arabes envahir avidement l'emplacement de nos bivouacs, soit pour y rechercher ce qui avait pu être négligé ou perdu , soit pour profaner des cadavres et se les partager. Leur empressement fut le même ce jour-là ; et nous gravissions une petite montée assez raide, à l'issue du douar, quand nous eûmes à gémir, en distinguant , au milieu de hurlemens barbares , des cris de Français : les cris de malheureux qui venaient d'être aperçus. Écharpés , ils expiraient sous les couteaux arabes.

J'estime à une vingtaine d'hommes le nombre de ces tristes victimes, qui avaient peut-être eu le tort de s'écarter de l'emplacement de l'ambulance, ou qu'on n'avait pas su retrouver sous les petits abris qu'ils avaient pu choisir, peut-être dans le creux de quelque silo, auquel ils avaient demandé un refuge contre le froid de la nuit.

Enfin, j'échappe à une tâche douloureuse, car le blâme est pénible à tracer. Celui-ci du moins est le dernier qui pesait sur mon cœur et que j'ai dû exprimer, parce que je me suis imposé l'obligation de tout dire.

Une pièce et un obusier furent disposés sur les mamelons voisins, et pendant que le convoi prenait un peu d'avance dans des chemins montans et difficiles, quelques coups heureux, s'ils ne nous consolèrent pas, portèrent au moins notre vengeance au milieu des hordes ennemies.

L'armée s'avança silencieuse et plus affectée de regrets que si elle eût perdu dix fois autant de compagnons d'armes par le combat : l'ennemi nous suivit, enivré du sang qu'il avait pu répandre.

Dans les collines où nous nous trouvions, diverses dispositions furent prises, toujours prescrites avec la même certitude de jugement calme et lucide, la même activité et la même présence d'esprit, la même pénétration à choisir les lieux et à s'en servir. Nous entrâmes dans la vallée du Zénati.

Le convoi suivit le fond de cette longue vallée. Les colonnes de gauche et de droite, prenant plus d'intervalle entre elles, comme le terrain l'exigeait, tinrent les collines sur les deux flancs, jusqu'au point où le cours du Zénati, couvrant suffisamment notre droite, elles purent être reportées presque toutes à gauche. Elles appuyaient bien leurs tirailleurs, et les corps ne marchèrent qu'en s'échelonnant

sans cesse de colline en colline, d'intervalle en intervalle,
d'une position à une autre ; un bataillon ne se reportait en
arrière qu'après qu'un autre bataillon avait déjà été établi à
cent cinquante ou deux cents pas plus loin, pour soutenir
la retraite de celui-là. Il en fut de même pour l'artillerie de
campagne, qui suivait la route ; elles formaient trois sections
qui se retirèrent succcessivement, la dernière ne sortant de
batterie pour dépasser les autres que quand d'autres points
étaient occupés, battant celui qu'elle quittait. Après l'artillerie, marchaient, dans le creux de la vallée, les escadrons
de chasseurs et une arrière-garde suffisante. Depuis la veille
à midi, nous n'avions plus eu de nouvelles de l'artillerie
d'Achmet : peut-être ce bey s'était-il retiré. Le nombre de nos
assaillans se montrait encore aussi considérable, mais ils me
parurent nous inquiéter avec moins d'ardeur et de rapidité.
Chaque fois qu'ils voulaient se réunir et tenter un effort,
un ou deux coups de canon ou d'obusier les dispersaient. Un
escadron de spahis eut un engagement assez brillant sur la
droite, et enleva un drapeau à l'ennemi ; il en fut fait hom-
mage au duc de Nemours.

Le temps continuait à être magnifique et se maintint tel
jusqu'à Bône. Nous arrivâmes vers les quatre heures du soir
à l'extrémité basse de la vallée, au santon de Sidi-Tamtam,
lieu choisi pour le bivouac près de l'eau et à côté de silos
nombreux qui nous fournirent leurs ressources. Le maréchal
avait eu l'intention de faire respecter la petite mosquée qui
recouvre le tombeau de ce marabout ; il y avait envoyé
un officier et fait mettre une garde. Mais il fut impossible
de maintenir cette protection contre les besoins de toute l'armée : Sidi-Tamtam finit par céder charitablement, pour faire
bouillir la soupe de nos soldats, le toit du logis où il repose ;

bonne œuvre digne d'un saint, dans toutes les religions. Les croyans lui rendront sa toiture.

Un soin, qui avait été négligé jusqu'alors, fut pris : les corps reçurent ordre de fournir, chacun selon sa force, un certain nombre de couvertures pour le service de l'ambulance, de manière que les malades y fussent mieux à couvert, car les nuits étaient froides.

Tous les chefs de corps ou de services furent convoqués, le soir, dans la tente du maréchal; un officier-général reçut ordre de s'y rendre.

Une journée difficile restait encore devant nous. A mesure qu'on avançait, à travers des périls sans cesse surmontés, vers le Raz-el-Akba, ce Raz-el-Akba grandissait dans les imaginations et devenait un épouvantail de plus en plus menaçant. Sitôt que, contre les pressentimens de quelques uns, on se fut passablement tiré d'affaire à peu de distance de Constantine, la partie craintive et jaseuse de l'armée s'était dit, et avait répété peu honorablement : « Mansoura n'a pas « été notre tombeau, il est vrai ; mais ceci n'est encore « rien. Nous n'avons là sur les bras que des cavaliers et « des Turcs et des habitans de la ville; nous résistons à « cette multitude. Attendez ; les Kobaïles ne tarderont « pas à venir, les montagnards du nord, les Kobaïles de « Bougie autrement guerriers, autrement farouches, autrement redoutables, irrésistibles, que ces cavaliers et « cette infanterie. Que deviendrons-nous alors ? » Et, chaque heure, chaque jour n'ayant pas encore amené cet armée kabile, c'était, qu'on se gardât d'en douter, c'était au Raz-el-Akba qu'elle était agglomérée; c'était là qu'elle avait occupé tous les passages. Cela pouvait être, je l'avoue, et cette opinion s'était si bien assise dans la plupart des esprits, que, dès qu'on eut franchi le col de la montée et qu'on n'y trouva rien, ou peu de chose, on reporta son effroi jusqu'au Medjaz Amar, ou enfin ce fantôme de terreur s'évanouit.

Je crois rendre fidèlement ces impressions, et je prends la peine de les rendre, parce qu'elles créaient elles-mêmes de grandes difficultés ; les mauvaises chances, à la guerre, se composant autant de la disposition des esprits que des dangers matériels, que des résistances en chair et en os.

On leva vers sept heures et demie le bivouac de Sidi-Tamtam. Le convoi alla passer l'*Oued* aux rampes que nous avions pratiquées en venant, et reprit la route, suivie alors, qui passe à Gantara. Le maréchal, avec une moitié de la colonne, entra dans les collines à droite de cette route, il avait d'abord eu la pensée d'engager toute l'armée, y compris le convoi, dans cette direction où il supposait que les pentes seraient plus douces. Il renonça à ce projet sur l'avis des officiers supérieurs d'artillerie, et fit bien, car il aurait trouvé des obstacles plus difficiles qu'il ne le prévoyait et qui l'auraient d'autant plus embarrassé, que le génie, quoiqu'au départ de Constantine il eût reçu l'ordre de conserver au moins quarante pelles et pioches, les avait abandonnées pour céder les mulets qui les portaient à des hommes blessés, fautes inspirée par un sentiment louable, mais dont il n'avait pas été rendu compte, et dont on ne s'aperçut qu'ici : on pouvait s'en apercevoir trop tard.

Le 63ᵉ régiment fut d'arrière-garde. En partant du bivouac on fit retirer lentement et en dernière ligne les escadrons de chasseurs, pour qu'ils pussent profiter de la confusion tumultueuse des Arabes quand ils se jetteraient sur notre bivouac, selon leur habitude de chaque matin. Ils n'évitèrent pas cette embûche : étant descendus en foule, une charge prise à temps et vigoureusement conduite dans un terrain favorable en coucha un bon nombre sur les lits où nous avions reposé.

Deux pièces , déjà établies aux premières hauteurs, lancèrent avec rapidité et précision quelques obus dans le plus épais des Arabes, au moment où ils étaient refoulés ; ce qui augmenta leurs pertes et compléta leur désordre. Ils se rejetèrent généralement à droite, gagnant les cimes. Le maréchal s'était déjà mis en attitude de bien couvrir cette direction , avec le 2ᵉ léger, le 17.ᵉ léger et le 59ᵉ régiment de ligne.

Pratiquant la même tactique que la veille , le chef de l'armée s'éleva lentement à travers le groupe des collines inférieures, d'échelon en échelon. Parvenu à moitié de sa hauteur, il occupa un plateau plus faiblement accidenté. Devant et au dessus s'étendait , en arc de cercle, venant de la droite et se dirigeant vers Raz-el-Akba , une longue chaîne dont les crêtes paraissaient à peu près continues. Ces sommets étaient occupés par des masses nombreuses d'ennemis. Il résolut de s'en emparer , de tenir cette cime par son aile droite , et d'opérer un mouvement de conversion , dont le convoi, qu'on apercevait dans les fonds à gauche, serait le pivot. Il crut que les avantages qu'il obtiendrait par cette manœuvre compenseraient la fatigue du long circuit qu'il imposait à son aile marchante , et n'hésita pas à exécuter ce mouvement. Le colonel Boyer, qui avait, les jours précédens, rendu de grands services avec beaucoup de nerf et d'activité, reçut ordre de porter le 2ᵉ léger vers un mamelon formant à peu près le milieu de cette ligne supérieure occupée par l'ennemi, de l'en chasser , de s'y tenir et de diriger le mouvement de conversion , en se prolongeant à gauche sur cette croupe dominante. Cela fut exécuté avec hardiesse , rapidité et intelligence. Le point sur lequel marchait le 2ᵉ léger était celui où les Arabes paraissaient le plus nombreux ; ils firent cependant peu de résistance , et cédèrent cette position centrale pour eux, ce qui coupa leur multitude en deux parts : celle qui nous faisait face , s'apercevant qu'elle allait s'enfermer entre nous et le Raz-el-Akba , se dégagea bientôt par la droite. Le 17ᵉ léger appuyait le 2ᵉ léger , en modérant la marche , et en se maintenant un peu plus à gauche. Le 59ᵉ, ralentissant davantage encore l'allure, se relia au 63ᵉ régiment qui fermait l'arrière-garde à la suite de tout le convoi et dont le mouvement, subordonné au progrès des équipages dans une gorge montante, était très-lourd. La conversion, en s'opérant, resserra les corps sur la colonne de gauche, et, au terme de la montée, l'armée déboucha, réunie , en face de Raz-el-Akba.

Le colonel Boyer n'eut, je crois, à regretter dans cette opération que deux ou trois hommes blessés ou tombés d'affaiblissement, que leurs camarades essayèrent, en vain, à trales difficultés du terrain, de conduire ou de porter , et qui durent, à son grand regret, être abandonnés aux outrages et à la cruauté de l'ennemi.

Le corps expéditionnaire , bien rassemblé , parvenait au sommet de la montée. Les spahis couronnèrent, en premier, le rebord de cette croupe, et trouvant sur le revers quelques centaines de Kobaïles qui y avaient pris embuscade , et leur criaient que nous ne passerions pas, ils les chargèrent franchement. Qui ne fut pas assez prompt à fuir, resta mort sur le terrain que cette troupe avait prétendu nous disputer. Le bataillon turc donna aussitôt la chasse aux fuyards qui s'échappaient dans les rochers à gauche, et en tua quelques uns. Cependant notre arrière-garde saluait le nuage mouvant d'Arabes à cheval, amoncelés sur nos derrières et cherchant à y tenter un extrême effort, de quelques coups de canon d'adieux qui probablement leur conseillèrent le départ , car ils nous quittèrent là et ne reparurent plus. Nous n'eûmes affaire, depuis lors, qu'à de faibles partis de gens de pied.

L'armée descendit avec facilité le revers nord de la montagne de la 10ᵉ, jusqu'à Announa. Au dessous de ces ruines et
dans des rochers presque impraticables, quelques Kobaïles
s'étaient postés. Séparés de nous par un ravin infranchis-
sable, ils tiraillèrent quelque temps sans nous incommoder
beaucoup ; une compagnie se développa en tirailleurs sur le
bord de cette coupure, et leur fit lâcher pied. Plus loin, dans
un défilé dangereux qui se resserre entre les ravins et des rochers couverts d'arbes et de taillis, l'arrière-garde, dont
l'action fut en ce moment dirigée par le colonel Boyer, eut
encore à faire le coup de fusil avec des groupes d'Arabes à
pied, que la localité favorisait beaucoup. En cette occasion,
le 62ᵉ régiment, qui avait eu l'ordre de ne pas quitter une
position d'où il couvrait la flanc gauche, ayant continué à
marcher, le 17ᵉ léger se trouva découvert de ce côté et reçut inopinément une décharge de mousqueterie : le colonel
Boyer voulut aller chercher le 62ᵉ où il l'avait laissé ; il eut son
cheval tué et faillit tomber aux mains de l'ennemi. Enfin, au
jour baissant, l'armée prit son quatrième bivouac depuis
Constantine, à l'endroit où avait campé son avant-garde,
onze jours auparavant, sur la rive droite de Medjaz-Amar,
dans la fourche des deux rivières. Près de ce lieu, les
spahis ayant deviné en arrivant un troupeau de bœufs, y
avaient couru et s'en étaient emparés ; ainsi la viande ne
manquait pas : chaque soldat s'était muni, à Sidi-Tamtam
d'une petite provision de blé ou de fèves, et nous étions au
milieu des bois : aussi les feux de bivouac reparurent nombreux et brillans.

Je remarquai, à ce sujet, un bizarre excès de prévoyance.
Quand nous franchîmes le col, notre vue fut tout à coup ré-
jouie, plus en frileux, je crois, qu'en paysagistes, par la vue
des bois. Tout le pays en avant se montrait paré de grands

arbres et de buissons touffus. Hé bien ! nos pauvres troupiers avaient l'esprit à ce point frappé de la privation qu'ils avaient si long-temps soufferte, que j'en vis bon nombre ramasser les premiers petits branchages morts qu'ils trouvèrent, s'en faire des fagots et les porter ; quelques uns eurent la constance de charrier ce butin jusqu'à l'emplacement du bivouac, c'est-à-dire au cœur des taillis, comme s'ils avaient eu peur d'y manquer de broussailles. Je demandai à l'un d'eux, chargé de deux ou trois mauvais brins de bois qu'il accrochait à tous les buissons, à quoi bon cette prévoyance et cette fatigue ? « Ah ! me dit-il, celui-ci est sec, et puis qui sait ?... » Ce fut la meilleure raison que j'en pus obtenir, et je me tins pour satisfait. Pauvres gens, instruits par la souffrance, me dis-je, que le Ciel vous épargne à jamais, et à nous aussi, la sagesse et la prudence, s'il ne les vend qu'au prix de si sévères épreuves ! De là je vins à penser à l'expédition présente et à celle qui la suivra sans doute : quand on a bien chômé de bois, on finit par porter des branchages à la forêt. Mon pays fera comme mon soldat.

Au lever de la lune, on fit reconnaître l'état du gué. L'ennemi avait cherché à l'obstruer, ainsi que la rampe, en y roulant quelques arbres. Le génie eut ordre d'y travailler cette nuit même ; il ne le fit que le lendemain ; j'ignore pourquoi.

28 novembre.

De bonne heure, on jeta quelques troupes sur la rive gauche, dès que le gué fut déblayé, et la rampe réparée dans sa partie inférieure, que les sources avaient rendue très-mauvaise. Les équipages commencèrent à passer ; mais cette opération se fit fort lentement : le matériel était ruiné et les chevaux éreintés. Cependant, le 2ᵉ léger fut jeté dans les premières collines à gauche, au delà du gué, pour y observer et pour maintenir quelques groupes d'Arabes à pied, qui s'y étaient rassemblés. L'ennemi était plus nombreux et plus remuant en arrière de Medjaz-Amar, où le bataillon d'Afrique, formant l'arrière-garde sous le commandement du lieutenant-colonel Duvivier, les tint bien en respect. Quand la totalité du convoi eut passé, et se trouva massée dans la petite plaine du gué, le 2ᵉ et le 17ᵉ léger furent lancés dans les collines qui bordent à gauche la vallée de la Seybouse, et les parcoururent, poussant devant eux les partisans ennemis qui pouvaient s'y trouver; ceux-ci se retirèrent sans opposer de résistance, mais en incendiant, en avant de nous, sur les deux versans de la vallée, tous les villages que nous aurions certainement respectés, et même ceux près desquels nous ne passions pas, se montrant ainsi plus dangereux défenseurs que vaillans et redoutables adversaires. On a accusé les Spahis d'avoir mis le feu : ce reproche n'est pas juste.

L'arrière-garde effectua son passage avec ordre et précision, sous la protection d'une batterie de deux obusiers de montagne et deux obusiers de campagne, soutenue par le 62ᵉ régiment. Une ligne de tirailleurs s'embusqua sur la rive que nous occupions, à l'instant où la ligne des tirailleurs d'extrême arrière-garde parvenait à la rive opposée et allait la quitter : à la faveur de cet appui, elle opéra sa retraite, sans être entamée, quoique les Arabes se glissassent à sa suite, la menaçant de près. M. le maréchal avait dirigé lui-même, et jusque dans les détails d'exécution, tout ce mouvement. Il ne se tint pour satisfait que quand notre dernier tirailleur fut rentré; ce dernier soldat qui se retirait, ce fut le colonel Duvivier. A ce moment, l'ennemi se tenait aux plus prochains arbres de la rive droite; les balles arrivaient vivement autour du maréchal et de monseigneur le duc de Nemours, qui n'avait pas voulu s'éloigner plus tôt.

Le corps expéditionnaire parvint de bonne heure au bivouac des Tamaris, sur la Seybouse. Le général en chef fut visiter le camp de Guelma, en inspecta les travaux, y établit un hôpital, prescrivit aux troupes qu'il y laissait les mesures qu'il voulait qu'on prît, et rentra au camp par le gué de la Seybouse. Il publia l'ordre qui suit :

ORDRE.

« Au camp de la Seybouse, le 29 novembre 1836.

« C'est avec une émotion profonde et une vive satisfaction
« que le maréchal gouverneur-général félicite les braves
« troupes sous ses ordres du courage et de la résignation
« qu'elles ont montrés, dans leur mouvement sur Constan-
« tine, en supportant avec une admirable constance les
« souffrances les plus cruelles de la guerre. Honneur soit
« rendu à leur caractère !

« Un seul a montré de la faiblesse ; mais on a eu le bon
« esprit de faire justice des propos imprudens qui n'auraient
« jamais dû sortir de sa bouche.

« Soldats, dans quelque position que nous nous trouvions
« ensemble, je vous en sortirai avec honneur ; recevez-en l'as-
« surance de votre général en chef.

« Souvenez-vous toujours que vous avez la gloire de votre
« pays, votre belle réputation et un fils de France à défendre.
« Cette noble tâche a été dignement remplie : votre conduite
« pendant cette mémorable expédition vous assure la re-
« connaissance de la France, la satisfaction du roi et l'admi-
« ration du monde entier.

« *Signé* maréchal CLAUZEL. »

Quelques prisonniers avaient été faits dans la journée par les troupes de Youssouf ; plusieurs de ces misérables étaient blessés : ils furent pansés par le chirurgien du prince, et tous reçurent, au lieu de la mort qu'ils attendaient, la liberté, sur le désir qu'en avait témoigné son altesse royale.

Ils furent chargés de publier dans le pays qu'une prime de cent francs serait payée pour tout Français malade, blessé, égaré ou pris, qui serait ramené à Guelma. Quelques hommes, en effet, nous ont été ramenés depuis.

29 et 30 novembre — 1er décembre.

L'armée coucha le lendemain à Muchmeya, le surlendemain à Dréan, et le 1er octobre elle rentra à Bône, où le duc de Nemours et le maréchal Clauzel, doublant l'étape de Dréan, étaient arrivés dès la veille.

Alger, 17 avril 1837.

FIN.

TABLE DES MATIÈRES.

FIN DE LA TABLE.

www.ingramcontent.com/pod-product-compliance
Ingram Content Group UK Ltd.
Pitfield, Milton Keynes, MK11 3LW, UK
UKHW021229230726
13926UKWH00003B/1333